UNIVERSITÉ DE PARIS — FACULTÉ DE DROIT

DE LA CONDITION CIVILE
DES
DOMESTIQUES

THÈSE POUR LE DOCTORAT

PAR

Olivier FOURCADE

AVOCAT A LA COUR D'APPEL

PARIS
LIBRAIRIE NOUVELLE DE DROIT ET DE JURISPRUDENCE
ARTHUR ROUSSEAU
ÉDITEUR
14, rue Soufflot, et rue Toullier, 13

1898

THÈSE

POUR LE

DOCTORAT

La Faculté n'entend donner aucune approbation ni improbation aux opinions émises dans les thèses ; ces opinions doivent être considérées comme propres à leurs auteurs.

UNIVERSITÉ DE PARIS — FACULTÉ DE DROIT

DE LA CONDITION CIVILE

DES

DOMESTIQUES

THÈSE POUR LE DOCTORAT

L'ACTE PUBLIC SUR LES MATIÈRES CI-APRÈS

Sera soutenu le Samedi 18 Juin 1898, à 8 heures 1/2

PAR

Olivier FOURCADE

AVOCAT A LA COUR D'APPEL

Président : M. WEISS.

Suffragants : MM. LAINÉ, *professeur.*
PILLET, *agrégé.*

PARIS

LIBRAIRIE NOUVELLE DE DROIT ET DE JURISPRUDENCE

ARTHUR ROUSSEAU

ÉDITEUR

14, rue Soufflot, et rue Toullier, 13

1898

DE LA

CONDITION CIVILE DES DOMESTIQUES

AVANT-PROPOS

—

Le sujet que nous avons entrepris de traiter est essentiellement pratique, et l'on peut, à bon droit, s'étonner qu'il n'ait pas encore tenté l'activité des jurisconsultes. Aucun ouvrage spécial sur notre matière ; presque rien dans les commentaires généraux du Code civil. Mais la faute en revient au Code lui-même, qui s'est montré, sur ce point, d'un laconisme excessif — d'où il résulte que tout ce qui concerne les rapports entre maîtres et domestiques est abandonné aux caprices des usages, à l'arbitraire et à la fluctuation de la jurisprudence (1).

(1) Le projet primitif du Code renfermait un certain nombre d'articles sur le contrat de louage de domestiques et sur les rapports que ce contrat faisait naître entre eux et le maître. Les auteurs du Code ont préféré s'en rapporter aux conventions des parties et aux règles générales sur le contrat de louage.

Il importerait cependant de bien préciser et fixer l'étendue des droits et des obligations réciproques des maîtres et des serviteurs, car ce n'est plus qu'une légende que ces vieux serviteurs de jadis, partie intégrante de la famille dont ils avaient vu naître les divers membres, soucieux de sa réputation et de sa prospérité, partageant ses douleurs et ses joies ! L'esprit d'individualisme règne partout. N'était-il pas logique qu'avec les idées nouvelles tendant à désagréger les divers éléments de la famille, il se creusât un abîme de plus en plus profond entre maîtres et serviteurs ? Et le goût du luxe et du bien-être aidant, on conçoit aisément les conflits qui peuvent surgir entre les maîtres et les domestiques, du choc de leurs exigences réciproques.

Étudier les remèdes propices à ces maux, voir les rapports qui devraient exister entre maîtres et serviteurs, eût certes été un sujet instructif et intéressant, mais il aurait relevé du domaine de la morale. Notre but n'est ici que d'examiner leurs rapports juridiques réciproques, tels qu'ils ont été déterminés par la loi et les usages.

Nous limiterons notre étude aux domestiques proprement dits. Mais il faut tout d'abord préciser cette notion.

Nous n'avons pas de définition légale du domestique. Il rentre certainement dans la catégorie des

« gens de travail » dont parle le § 1 de l'article 1779. Mais si tout domestique est un homme de travail, la réciproque n'est pas vraie. On peut, en effet, grouper en deux classes, les différentes personnes qui peuvent être dénommées « gens de travail ».

Les personnes que nous employons à notre service peuvent, par leur travail, ou bien servir à l'accroissement de notre patrimoine, ou bien augmenter notre bien-être. Dans la première classe figurent tous ceux dont le travail a pour but direct et principal de procurer un enrichissement à celui qui les emploie. Tels sont les ouvriers, qui s'adonnent à des travaux manuels, peu importe qu'ils s'appellent artisans ou tâcherons, ou qu'ils travaillent sous la direction d'un maître ou d'un patron. Y rentrent également les commis ou employés, à qui le patron demande un travail à la fois intellectuel et manuel, et qui, dans la sphère de leurs attributions, sont des agents actifs de l'exploitation.

Nous ne nous occuperons pas de cette première catégorie de travailleurs, mais uniquement de la seconde qui comprend ceux qui ont pour rôle de rendre notre existence plus confortable par les soins personnels qu'ils donnent à notre personne. Ce sont ceux que l'on désigne le plus habituellement sous le nom de serviteurs ou domestiques.

Le sens du mot domestique a évolué. A l'origine cette qualification n'éveillait pas l'idée d'infériorité.

A Rome, dans la cour des rois Francs et pendant toute la durée de l'ancienne monarchie, on désignait ainsi tous ceux qui possédaient des charges et des emplois dans la maison du Roi.

Puis, par imitation, les simples particuliers qualifièrent ainsi tous ceux qu'ils employaient dans leur maison, fidèles en cela au sens étymologique du mot : « On appelle domestique, dit M. Henrion (1), tous ceux qui font partie d'une maison et qui, subordonnés à la volonté du maître, en reçoivent des gages. Les domestiques sont de deux sortes : ceux dont les fonctions n'ont rien d'avilissant et même sont honorables, et ceux dont les services supposent une dépendance plus absolue. A la première classe, appartiennent les bibliothécaires, précepteurs, chapelains, secrétaires, intendants de la maison (et il cite un arrêt du Parlement de Paris du 12 mai 1789, qui a admis un prêtre, bibliothécaire aux gages de trois cents livres, à partager un legs qu'une personne avait fait à ses domestiques en général). Dans la deuxième classe sont compris tous ceux que l'on nomme valets, serviteurs, servantes, et désignés dans les lois sous la dénomination de serviteurs-domestiques » (2).

(1) *Compétence des juges de paix*, 8e édition, page 303.

(2) En ce sens Duranton, t. XVII, no 229, note. — Delvincourt, t. III, p. 211, notes.

Nous ne saurions admettre cette extension du mot domestique. Il faut tenir compte de la révolution opérée dans les mœurs. Aujourd'hui, dans l'usage, ce mot n'est employé que pour désigner ceux chargés de rendre les services les moins élevés. Ce qui caractérise en effet la domesticité actuelle, c'est l'infériorité des services qu'elle est chargée de rendre, car ces services sont d'un ordre purement matériel. Ce sont, au contraire, des services de l'ordre le plus élevé, services moraux ou intellectuels, que rendent aumôniers et précepteurs. S'ils rendent, à celui qui les utilise, des services, ils ne sont pas à son service.

Lorsque donc on trouvera employé, dans une disposition légale, le mot domestique, il faudra le prendre dans son sens restreint de personne attachée à un maître afin de lui procurer des services d'un ordre matériel ; dans le sens de personne qui se loue pour des services réputés humbles, et qui entraînent pour elle un assujettissement personnel — car il est naturel de penser que le législateur, employant un mot sans le définir, l'ait pris dans son acception communément reçue.

Deux textes viennent d'ailleurs justifier cette interprétation. C'est d'abord le décret des 19-20 avril 1790, relatif aux administrations de département et de district : « Ne seront réputés domestiques ou serviteurs à gages, les intendants ou régisseurs, les secrétaires, les charretiers ou maîtres-valets de labours employés par les propriétaires, fermiers ou métayers. » C'est ensuite le décret du 27 août 1792, relatif aux exclusions des assemblées politiques pour cause de domesticité : « L'assemblée nationale, instruite que les exclusions résultant de la domesticité ont déjà occasionné et pourraient occasionner encore des difficultés et des retards dans les assemblées politiques... déclare qu'aucun citoyen ne doit être exclu des assemblées politiques pour cause de domesticité, *s'il n'est attaché au service habituel de la personne.* »

Être attaché au service d'une personne, tel est le fait d'un domestique. Suivant les cas, la pratique usuelle le dénomme valet de chambre ou cocher, portier ou jardinier, valet de pied ou cuisinier.

Et le lien qui unit le maître à la personne qu'il emploie à son service, doit être de quelque durée, pour que cette personne soit un domestique (1) au sens légal du mot.

Mais il ne faut pas s'attacher à la qualification cou-

(1) Ainsi la femme de ménage, le frotteur ne sont pas des domestiques. Mais ils sont des préposés du maître et ce dernier est responsable des dommages qu'ils auraient causés à des tiers dans l'exercice de leurs fonctions, d'après le principe général de l'art. 1384. (Trib. Seine, 9 mai 1892. *Gaz. pal.* 92, 1, 649).

rante donnée à leurs fonctions, il faut aller au fond des choses. Telle personne, dont le rôle est de conduire un cheval attelé à une voiture, et qu'on nommera cocher, ne sera pas toujours un domestique. Supposons qu'elle soit employée dans l'intérêt de l'industrie du maître, qu'elle soit nécessaire pour l'exploitation de son commerce ; elle rentrera alors dans notre première catégorie, nous aurons un ouvrier et non un domestique, ce qui peut avoir un intérêt au point de vue du privilège. Pour le même motif, les cuisiniers d'un restaurateur ou les jardiniers d'un horticulteur ne sont pas des domestiques.

Quant au concierge, sa situation est double : auprès des locataires, il est le préposé du maître, et ceux-ci ne peuvent exiger de lui aucun service personnel autre que ceux que les usages assignent à sa fonction. Mais il n'est pas leur domestique. A l'égard du maître, au contraire, nous distinguons. Nous le rangeons dans la catégorie des domestique quand il sera concierge d'un hôtel particulier et par suite tout à fait dépendant du maître, lui rendant des services personnels, ayant avec lui des rapports journaliers. Mais quand il sera concierge d'une maison de rapport, nous ne le qualifierons pas de domestique, et nous ne lui accorderons pas leur privilège. Il rentre alors, en effet, dans la première catégorie de gens de travail que nous avons signalée plus haut; sa raison d'être est de faire fructifier le patrimoine de son maître, car il est un accessoire obligé de l'immeuble qu'il est chargé d'entretenir.

N'y a-t-il pas lieu de faire encore une distinction? Pothier distinguait les serviteurs des domestiques. « On peut, dit-il (1), être serviteur sans être domestique; tels sont un jardinier ou un garde-chasse qu'un homme domicilié en ville a dans ses terres : ils ne sont point proprement ses domestiques, puisqu'ils ne demeurent point dans ses terres et ne sont pas à sa table, mais ils sont ses serviteurs puisqu'il les a à ses gages. » La loi elle-même fait cette distinction dans l'article 283 du Code de procédure : « Peuvent être reprochés... les serviteurs et domestiques. » Mais où est l'intérêt de cette distinction? Quelle est en droit la différence de condition des domestiques et des serviteurs? Quelle différence y a-t-il dans la situation juridique d'un jardinier on dans celle d'un cocher?

Tous sont des domestiques, car tous sont attachés au service d'un maître afin de rendre à sa personne, soit directement, soit indirectement, par l'intermédiaire de sa chose, des services inférieurs destinés à augmenter son bien-être.

C'est leur condition que nous allons nous efforcer

(1) Pothier. *Des obligations*, nº 828.

de mettre en lumière, nous consacrant exclusivement à eux et laissant de côté ceux qu'on appelle les domestiques de ferme, adonnés plus spécialement à l'exploitation du fonds rural, et rentrant par conséquent plutôt dans la première classe de gens de travail que nous avons indiquée et dont nous ne nous occuperons pas. Nous diviserons notre étude en quatre chapitres. Après avoir examiné la Formation même du contrat, nous étudierons dans un second chapitre ses Effets. Un troisième et un quatrième chapitre seront consacrés à la Fin du contrat, et à la Procédure des contestations qui peuvent naître entre maîtres et domestiques.

CHAPITRE PREMIER

FORMATION DU CONTRAT DE LOUAGE DE DOMESTIQUES.

Le louage est un contrat par lequel une personne s'engage à faire jouir une personne de sa chose, ou à mettre son activité au service d'une autre personne, qui en retour paiera à la première une certaine rémunération. Il y a deux espèces de louage, le louage de chose et le louage d'ouvrage.

Le louage d'ouvrage est défini par l'article 1710, « un contrat par lequel l'une des parties s'engage à faire quelque chose pour l'autre, moyennant un prix convenu entre elles ». Il a lui-même deux variétés : le louage de services proprement dit : *locatio operarum*, ou l'une des parties s'engage à mettre son activité au service de quelqu'un ; et le louage d'ouvrage proprement dit, *locatio operis*, où l'une des parties s'engage envers l'autre à faire un travail déterminé.

C'est l'étude de la première de ces variétés, l'étude du louage de services, envisagé entre maîtres et domestiques, tels que nous venons de les envisager qui fera l'objet de notre travail. Ici, le locateur est le domestique qui procure ses services au maître ; le locataire est le maître qui rémunère ces services.

Nous étudierons successivement en trois paragraphes, les conditions de fond nécessaires pour la formation du contrat de louage de domestiques, — la forme de ce contrat — et enfin sa durée.

§ 1. — Conditions de fond.

Le contrat de louage de domestiques, suppose nécessairement pour sa validité, les conditions essentielles requises pour la validité de tout contrat : consentement, capacité, objet et cause (1).

Les parties doivent d'abord être d'accord sur le contrat à conclure entre elles. Pas de contrat sans consentement. Il n'y a pas consentement, quand les parties ne peuvent avoir une volonté, ou quand elles ne sont pas d'accord sur l'objet du contrat, ou sur la nature du contrat qu'elles se proposent de former, c'est-à-dire ici sur la nature des services pour lesquels le contrat est passé.

Nous appliquerons les règles du droit commun : l'absence de tout consentement rendra le contrat

(1) Article 1108, C. civ.

inexistant. Le contrat pourra exister, mais être entaché de certains vices qui le rendent imparfait, et qui mettent obstacle non plus à son existence, mais à sa validité. Le contrat sera alors simplement affecté d'une nullité relative. C'est ce qui arrivera s'il a été contracté par dol — et il faut que le dol émane de la partie adverse — par violence, ou par erreur sur la personne.

Le contrat de louage de services, est, en effet, un contrat fait *intuitu personæ*, c'est-à-dire un contrat où la considération de la personne a été la raison déterminante de la convention, erreur qui d'après l'article 1110 est un vice du consentement. Ainsi, par exemple, sur les recommandations d'un ami, je me décide à prendre à mon service un de ses domestiques dont il n'a plus besoin. Désireux de l'attacher à ma personne, je contracte avec lui un engagement de longue durée. Or, en fait, c'est avec un autre que lui que je me suis engagé, trompé par la similitude de nom : le contrat sera rescindable pour cause d'erreur. Le contrat pourrait encore être annulé pour cause d'erreur, si le domestique que j'ai loué pour un travail déterminé, par exemple pour être cocher, alors que je croyais qu'il savait conduire, était dans l'incapacité de me rendre les services que j'attendais de lui. Il y aurait bien lieu, dans notre hypothèse, de faire application de l'article 1110 qui autorise la demande en nullité, fondée sur l'erreur portant sur les qualités substantielles de la chose, ce qui s'entend généralement des qualités sans lesquelles on n'eût pas contracté.

Mais si, croyant trouver chez telle personne des qualités exceptionnelles, je la prends à mon service, et que je m'aperçoive que c'est à tort que je lui attribuais ces qualités, le contrat ne sera pas rescindable pour erreur, sauf à l'être pour dol, s'il y a eu emploi, chez elle, de manœuvres frauduleuses. C'est souvent en notre matière qu'interviendra ce que les Romains appelaient le « *bonus dolus* », les domestiques étant souvent portés à exagérer le nombre de leurs qualités. Ce ne sera pas suffisant pour demander la rescision du contrat ; il faudra pour cela l'emploi du « *malus dolus* ». Reste à savoir quelle est la démarcation précise entre les deux : question parfois délicate, qui rentrera dans les offices du juge.

Le consentement doit, de plus, être donné par une personne capable. Le mineur ne pourra engager les services d'autrui sans l'autorisation de son tuteur ou de son père, car il ne peut valablement s'engager envers un tiers. Il ne pourra davantage s'engager comme domestique sans la même autorisation ; on pourrait même penser que vu la gravité de l'engagement au point de vue de la moralité et de l'avenir de l'enfant, l'autorisation du conseil de famille, peut-être même l'homologation du tribunal serait nécessaire. Mais cela nous semblerait excessif, et nous pensons que la seule autorisation du père ou du tuteur serait suffisante. Conformément au droit commun, cette autorisation peut être expresse ou tacite, résulter des circonstances, comme si, par exemple, le mineur exécute le contrat au vu et au su de son père ou de son tuteur, ou s'il a été conduit par eux chez son futur maître.

Outre le préjudice moral qui pourrait résulter pour le mineur de l'état de domesticité, il n'a pas qualité nécessaire pour accomplir un acte quelconque de la vie civile. Mais il ne faut pas conclure de là, que le tuteur qui représente le mineur dans tous les actes de la vie civile, pourrait seul engager les services de son pupille ; ce dernier s'engageant à fournir son travail, il faut nécessairement qu'il donne son consentement ; le contrat de louage de domestiques est un contrat éminemment personnel.

Le père, comme administrateur légal des biens de son enfant mineur, ou la mère survivante, comme tutrice légale, auraient le droit d'exiger que les gages dûs à ce dernier, placé comme domestique, fussent versés entre leurs mains, à charge par eux de pourvoir à ses dépenses d'entretien. Mais il faut qu'ils manifestent leur volonté expresse à cet égard ; sinon le maître se libérerait valablement en remettant au domestique même, mineur, le montant de ses gages (1).

Ces règles changeront quand le mineur sera émancipé. Ayant alors l'administration de ses biens et pourvoyant seul à son entretien personnel, il pourra engager des domestiques sans l'assistance de son curateur — sauf à lui à demander, comme le lui permet l'article 484, la réduction des obligations excessives qu'il aurait contractées en louant un nombre de domestiques que ne comporte pas sa situation, ou en les engageant à des prix exagérés. L'article 484 ne le dit pas expressément ; il permet au mineur de demander la réduction des obligations qu'il aurait contractées « par voie d'achat ou autrement ». Ce dernier mot donne toute latitude au juge pour réduire en cas d'excès les engagements de domestiques qu'il aurait contractés, fait qui, sans cela, l'induirait en dépense. Nous permettrons au mineur émancipé de s'engager comme domestique.

La femme mariée est aussi incapable. Pourra-t-elle engager seule des domestiques ? Non, car elle ne peut valablement s'obliger, sans l'autorisation du mari ou de la justice. Cette incapacité de s'obliger, quoique non exprimée en termes formels, résulte implicitement des articles 217, 220, 221 et 222 ;

(1) Sens, 9 mai 1893, *Bulletin des décisions des juges de paix*, 1894, p. 15.

c'est un principe général, qui s'applique aussi bien au louage de services qu'à tout autre contrat. Une femme ne peut imposer à son mari des domestiques dont celui-ci ne veut pas. Sans doute, la femme commune qui a mandat tacite pour les acquisitions du ménage, peut être également considérée comme ayant mandat pour engager des domestiques, en tant, bien entendu, que cela ne dépasse pas le train ordinaire de la maison. Mais, dans ce cas, ce n'est pas elle qui est obligée, c'est le mari, comme mandant.

Cependant, quand, par une clause formelle de son contrat de mariage, elle conserve l'administration de son patrimoine, ou quand elle la reprend au cours du mariage, à la suite de la séparation de biens, nous admettons que la femme pourra engager des domestiques en tant que cet acte rentrera dans les actes d'administration ; qu'elle pourra, par exemple, louer un concierge ou un jardinier afin de les attacher aux immeubles qu'elle administre librement.

En établissant cette restriction, on voit que nous prenons parti sur la question de savoir quelle est, pour s'obliger, la capacité de la femme séparée de biens. Nous admettons qu'elle ne peut s'obliger qu'en tant que son obligation est un corollaire du droit d'administrer, ce qui arrive lorsqu'elle loue des domestiques pour les attacher à la chose qu'elle administre. Mais nous lui refusons le droit d'attacher des domestiques à sa personne sans l'autorisation du mari ou de la justice. Il en serait évidemment autrement d'une femme séparée de corps, qui recouvre par cette séparation toute sa capacité.

Quant à ceux qui pensent que la femme séparée de biens peut contracter toute espèce d'engagements exécutoires sur ses meubles, ils doivent logiquement accorder à la femme le droit de s'obliger, jusqu'à concurrence de son mobilier, en engageant des domestiques. Ce qui, toutefois, n'empêcherait pas le mari, comme chef de l'association conjugale, de leur interdire l'accès de sa maison. Mais le contrat n'en serait pas moins valable, et sa rupture pourrait donner lieu à des dommages-intérêts.

Une femme mariée est certainement incapable de s'engager comme domestique. Mais c'est une question délicate que de décider par qui l'autorisation peut lui être donnée. En droit commun (art. 217), l'autorisation nécessaire à une femme mariée pour contracter doit être donnée par le mari, ou, à son défaut, par la justice.

Le droit commun doit-il être appliqué en notre matière ? ou faut-il, par exception, décider que la femme mariée ne peut se faire domestique qu'avec l'autorisation du mari, sans que cette autorisation puisse être remplacée par celle du tribunal ? Ce point est fort controversé : M. Guillouard (1) soutient que le mari doit être le seul juge sur ce point ; que sa femme, par suite de l'état de domesticité, court certains risques que le mari seul peut apprécier, et que les tribunaux ne peuvent se substituer à lui. La jurisprudence est en ce sens (2).

La solution contraire nous paraît préférable (3). Si d'abord le refus du mari ne permet pas à la femme de gagner sa vie d'une façon honnête, n'est-il pas à craindre qu'elle se livre à des métiers honteux ? Voilà pour répondre à l'intérêt moral qu'invoquent nos contradicteurs. Puis, en adoptant cette opinion, nous restons dans les principes. La règle est que l'autorisation de justice peut suppléer à l'autorisation maritale. Il faudrait un texte formel pour y déroger, et ce texte n'existe pas. Invoquera-t-on les termes restrictifs de l'article 4 du Code de commerce ? Mais outre d'ailleurs que l'on puisse discuter sur son sens, engager ses services en qualité de domestique, n'est pas faire un acte de commerce.

Nous arrivons donc à cette conclusion : pour que le contrat de louage de domestiques puisse se former, il faut que les parties soient capables de donner un consentement ; et pour habiliter les divers inca-

(1) *Traité du louage*, t. II, nº 702.

(2) Paris, 3 janv. 1868, D, 1868, 2, 28.

(3) En ce sens, Beudant, *Cours de Droit civil*, I, nº 332.

pables, nous n'appliquerons que les règles du Droit commun.

Passons maintenant à l'objet du contrat. Le contrat de louage de services a pour objet : du côté du maître, le prix qu'il s'est engagé à payer, et, du côté du domestique, les services qu'il s'est engagé à fournir. Le prix est nécessaire pour qu'il y ait louage de services ; sinon, le contrat ne serait pas un louage mais un mandat, disait Pothier.

Ce prix doit être en argent. « Le prix du contrat de louage, dit Pothier (1), doit consister en une certaine somme d'argent ; si je donne un ouvrage à faire à quelqu'un qui se charge de le faire moyennant que je lui donnerai une certaine chose autre que de l'argent, ou à la charge que je ferai de mon côté quelque chose pour lui, ces contrats ne sont pas des contrats de louage, mais des contrats innommés, *facio ut des, facio ut facias* ». Cela est vrai, mais, dans notre droit, la distinction des contrats nommés et des contrats innommés n'a guère d'importance (article 1107).

Mais à côté de ce prix, on peut stipuler certaines conditions accessoires qui ne modifient pas le caractère du contrat. C'est ainsi que presque toujours, le domestique, outre ses gages, sera logé et nourri ;

(1) Pothier. *Traité du Louage*, n° 400.

que souvent le jardinier aura le droit de prendre les légumes qui sont nécessaires pour sa consommation, et celle de sa famille ; qu'un garde particulier aura la jouissance gratuite d'un logement et d'un jardin (1).

Le prix est ordinairement déterminé par la convention. A défaut de stipulation expresse, il sera déterminé par l'usage (2). La convention pourrait parfaitement fixer un chiffre inférieur à celui déterminé par l'usage, et on ne pourrait demander la rescision du contrat pour vilité du prix : les conventions légalement formées tiennent lieu de loi à ceux qui les ont faites ; et une convention de cette nature n'a rien de contraire à l'ordre public. Il a été cependant jugé que le logement et la nourriture ne constituaient pas une rémunération suffisante des gens de service (3).

Tel est l'objet du contrat qui est en même temps sa cause, car dans les contrats, synallagmatiques, l'obligation de l'une des parties sert de cause à l'obligation de l'autre. La cause doit être licite, non contraire aux bonnes mœurs : c'est le droit commun en matière de contrats.

(1) Angers, 19 février 1869. S. 69, 2, 259.

(2) Vesoul, 19 déc. 1878, *Bulletin des juges de paix*, 1879, p. 256.

(3) Trib. civ. Lyon, 28 janvier 1887 (*Mon.* Lyon, 22 avril 1887).

§ 2. — Forme du contrat.

La loi n'a assujetti le contrat de louage de domestiques à aucune forme particulière ; il est parfait par le seul consentement des parties. Il peut être conclu verbalement ou par écrit. Si l'écrit qui constate les conditions est sous seing-privé, il ne pourra servir de preuve qu'à la condition de remplir la formalité des doubles ; c'est en effet un contrat synallagmatique.

En pratique, l'engagement des domestiques se fait d'une manière fort simple. Recommandé par des amis, ou envoyé par un bureau de placement, le domestique se présente chez son futur maître (1). Il a soin de se munir de certificats, destinés à témoigner de sa moralité et de sa capacité.

Si l'impression première est bonne, si le maître est satisfait des renseignements, et si de son côté le domestique accepte les conditions offertes, celui-ci est engagé. Aucun écrit n'intervient, dans la presque généralité des cas, pour constater l'accord des parties ; usage fort critiquable, car les conditions étant

(1) Dans quelques campagnes s'est maintenu l'usage ancien de la *louée des servantes*. Les serviteurs qui cherchent une place, se réunissent un certain jour à un endroit déterminé. Il est ainsi très facile à ceux qui ont besoin d'eux de faire leur choix.

ordinairement arrêtées sans témoins, le juge peut parfois se trouver dans un réel embarras, lorsqu'il est en présence d'affirmations contradictoires de chacune des parties. Depuis l'abrogation de l'art. 1781, l'affirmation du maître n'a pas plus de valeur que celle du domestique. Il serait donc prudent de dresser un écrit ; ce serait un moyen bien simple d'éviter nombre de contestations qui surgissent souvent, soit au commencement, soit pendant, soit à la fin du contrat de domesticité.

Une fois l'accord intervenu entre les parties, le maître remet alors au domestique, comme signe symbolique de la conclusion du contrat, une modique somme d'argent, appelée *Denier à Dieu* (1), pure libéralité qu'aucun texte légal n'impose, mais qui est consacré par un usage presque universellement adopté à Paris. A partir de ce moment, les deux parties sont liées. Si l'une d'elles rompt l'engagement, ce sera moyennant le paiement de dommages-intérêts s'il y a lieu, et en perdant en tout cas le montant du denier (2).

On voit donc que le Denier à Dieu est tout à fait

(1) Ainsi nommé parce que primitivement l'intention des parties n'était pas que celui qui avait reçu le denier en profitât, mais qu'il servît à quelque usage pieux, comme par exemple pour être donné aux pauvres.

(2) La remise du denier à Dieu pourrait être établie suivant les principes généraux de la preuve.

différent d'une formalité similaire dont parle le Code dans les articles 1590 et 1715 : la remise d'arrhes (1). Mais rien d'ailleurs n'interdirait aux parties d'ajouter au contrat, comme cela est possible dans tout autre pacte, une convention arrhale. C'est ce dernier pacte qu'il faudrait présumer quand le montant de la somme sera élevé et en rapport avec le chiffre mensuel de gages. L'intention des parties est l'élément qu'il faut considérer. Ce seront alors les effets de la remise d'arrhes qu'on appliquerait, et non ceux du Denier à Dieu.

Les différences sont importantes : les arrhes ont le caractère d'une clause pénal, stipulée à l'avance pour le cas de dédit. Celui qui ne veut pas exécuter la convention perd les arrhes qu'il a données, ou rend au double celles qu'il a reçues. Il ne doit pas de dommages-intérêts (2). Toute autre est

(1) En adoptant cette manière de voir, nous nous séparons complètement de MM. Baudry-Lacantinerie et Wahl et Guillouard : « Il est d'usage, dit ce dernier, de donner un denier à Dieu. Cet usage n'a pas seulement pour effet de constater la formation du contrat, mais aussi de donner à chacune des parties le droit de rompre le contrat formé, le maître en perdant la somne qu'il a donnée, le domestique en la restituant ». *(Traité du louage*, t. II, p. 173). Nous nous refusons à assimiler le denier à Dieu aux arrhes, nous conformant ainsi à l'usage courant.

(2) Le tribunal civil d'Avignon a fait application de ce principe : Il s'agissait, dans l'espèce, d'une nourrice qui, après avoir reçu 15 francs d'arrhes, s'était engagée au service d'autres maîtres,

la nature du Denier à Dieu. C'est une formalité symbolique, une pure gracieuseté qui n'autorise pas le dédit. Disons cependant que l'usage accorde aux parties vingt-quatre heures pour se dédire, après la livraison du denier. Naturellement, le domestique devra rendre la somme si c'est par son fait que le contrat est brisé ; il la conservera, si c'est le maître qui a rompu le contrat.

De plus la somme donnée à titre d'arrhes est imputable sur le montant des gages. Le denier, somme généralement très modique, a le caractère de libéralité et n'est pas imputable sur les gages. Il en serait ainsi, quand même le domestique quitterait son

offrant aux premiers de rendre les 15 francs. Le juge de paix s'inspirant de la gravité particulière de la rupture du contrat dans l'espèce, avait de plus condamné la nourrice à des dommages-intérêts. Le tribunal d'Avignon réforma sa décision : « Attendu que le louage de domestiques se conclut quelquefois avec des arrhes qui sont la peine du dédit facultatif à chaque partie ; qu'ainsi chacun des contractants, par analogie avec l'article 1590 Code civil est libre de se dégager : celui qui a donné les arrhes en les perdant, et celui qui les a reçues en les doublant... Attendu que c'est à tort et en violation de l'article 1152 C. civ. que le premier juge a condamné la dame Reynaud à des dommages-intérêts en sus du montant du dédit, c'est-à-dire du doublement des arrhes reçues par elle... Dit n'y avoir lieu à dommages-intérêts dans l'instance actuelle, mais seulement au paiement des arrhes doublées ; ce faisant, maintient de ce chef la condamnation prononcée de la somme de 30 francs contre les époux Reynaud... (Avignon, 23 février 1888, *Gaz. Pal.*, 88, 2, supp. 4).

maître très peu de temps après son entrée, fût-il même renvoyé le lendemain. Cela peut paraître surprenant, mais cela résulte de ce que la cause du denier est l'entrée au service du domestique, et non pas la durée de ses fonctions. C'est d'ailleurs un don, et un don est irrévocable.

A notre avis, toutefois, le denier ne devrait être acquis au domestique qu'après un certain temps de services. Au cas de prompt départ, notamment au cas de renvoi, le juge devrait pouvoir, s'inspirant des circonstances de fait, faire entrer le denier dans le calcul des gages. La pratique courante a le tort de faciliter une spéculation de la part du domestique, qui courrait de place en place, afin d'ajouter au prix de ses journées de travail, le supplément du denier.

Un autre spéculation, mais frauduleuse cette fois, serait encore possible. Le domestique peut, après la réception du denier, ne plus reparaître chez son maître, mais aller ailleurs chercher d'autres deniers. Il y a là évidemment un délit civil dont il aura à rendre compte aux maîtres qu'il aura lésés. Mais y a-t-il là un délit punissable par la loi pénale ? On pourrait soutenir que non, faute de texte précis. Ceci n'est assurément pas un abus de confiance, car tout étant de droit étroit en matière pénale, cette extension à l'hypothèse actuelle de l'article 408 du

Code pénal ne nous semble pas admissible ; en effet, le denier à Dieu n'est remis au domestique, « ni à titre de louage, ni à celui de dépôt, ni à celui de mandat, à charge de le représenter ou d'en faire un emploi déterminé ».

Ne pourrait-on pas plutôt voir dans ce fait une escroquerie punissable, aux termes de l'article 405 du Code pénal, d'un emprisonnement d'un an au moins et de cinq ans au plus, et d'une amende de cinquante à trois mille francs? Le domestique, en effet, en commettant ce fait délictueux, n'a-t-il pas « employé des manœuvres frauduleuses pour persuader l'existence de fausses entreprises » et n'a-t-il pas fait usage de « fausses qualités » pour se faire remettre des « fonds », ce qui, d'après l'article 405, constitue le délit d'escroquerie ?

§ 3. — Durée du contrat.

« On ne peut, dit l'article 1780, engager ses services qu'à temps ou pour une entreprise déterminée ». *Nemo potest locare opus in perpetuum*. Cette règle se trouvait déjà inscrite dans les constitutions de l'époque intermédiaire (1). C'était la conséquence

(1) Const. du 24 juin 1793, article 18, et du 5 fructidor an VII, art. 15 : « Tout homme peut engager son temps et ses ser-

du grand principe que la liberté de l'homme est inaliénable.

Le Code civil, lui aussi, a voulu protéger la liberté de l'homme contre des engagements téméraires : « Il serait étrange, disait M. Galli dans son exposé des motifs au Corps législatif, qu'un domestique puisse engager ses services pour toute sa vie. La condition d'homme libre abhorre toute espèce d'esclavage » (1). Par suite, la prohibition des engagements à vie est un principe d'ordre public, invoquable, comme nous le verrons, par tout intéressé (2).

De là, toute convention par laquelle un domestique se lierait à perpétuité, moyennant un prix une fois payé pour toutes, ou bien moyennant une somme annuelle, serait de nul effet. Il en serait ainsi, car le résultat final serait le même, si le domestique louait ses services pour un temps, il est vrai déterminé, mais dont la durée serait très probablement aussi longue que sa vie. Serait nulle, la convention par laquelle un individu âgé par exemple de cinquante

vices. Mais il ne peut se vendre, ni être vendu ; sa personne n'est pas une propriété aliénable. »

(1) Fenet, tome XIV, page 318.

(2) L'art. 1789 doit donc être considéré comme obligatoire pour tous ceux qui se trouvent en France ; c'est une règle d'ordre public international. Par suite, les tribunaux Français ne peuvent sanctionner un engagement perpétuel, même si les deux contractants sont étrangers, même s'il a été pris en pays étranger.

D'ailleurs, cette prohibition est également admise dans les pays ans, louerait ses services pour une trentaine d'années. Le texte, il est vrai, ne prohibe que l'engagement indéterminé, et, dans l'espèce, il est d'une durée déterminée. Mais l'esprit de la loi n'est pas douteux; on ne peut faire indirectement ce qu'elle défend de faire ouvertement. La Cour de Lyon l'entendait ainsi dans ses observations sur le projet de Code civil. « Sans cela, disait-elle, on pourrait faire contracter à un jeune homme de vingt et un ans, un engagement de soixante-dix-huit ans, et le soutenir valable, sur le fondement que la loi répute la vie humaine de cent ans » (1). Les juges ont, pour apprécier, un pouvoir discrétionnaire. Devrait être également nul le contrat par lequel on s'engagerait pour la période active de sa vie.

Il en serait de même si le domestique s'engageait pour une entreprise déterminée, mais dont la durée probable dépasserait la durée de la vie du domestique. La protection due à la liberté individuelle ne

étrangers. En Allemagne, l'engagement à vie est nul : « De pareilles conventions, dit le tribunal supérieur, étant contraires à l'intérêt public, aux lois qui ont aboli le vasselage, proclamé la liberté du travail et interdit toute restriction à vie de cette liberté. » (*Journ. Dr. Intern.*, IV, 1887, p. 157).

En Russie, on ne peut louer ses services que pour une période de cinq années ; tout engagement plus long est réductible à cette durée. (*Journ. Dr. Intern.*, II, 1875, p. 159).

(1) Fenet, t. IV, p. 207.

permettrait pas de valider une convention de cette nature.

Qu'arrivera-t-il maintenant si, à l'inverse, le domestique s'engage pour toute la durée de la vie de son maître. La convention doit elle être tenue pour nulle ? La jurisprudence est en désaccord. Des arrêts ont décidé l'affirmative, par application de l'article 1780 qui ne distingue pas. Ainsi a jugé la Cour de Lyon (1) : il s'agissait dans l'espèce d'une domestique qui s'était engagée à servir une personne âgée et infirme jusqu'à la mort de cette dernière. La Cour annula cette convention, « considérant que la convention verbale du 24 mai 1864 a constitué un contrat de louage à vie, ou pour un temps indéterminé ; qu'en effet, la demoiselle Guindraud s'était obligée à donner tout son temps, et à consacrer sa vie aux soins exigés par l'âge, et l'état de la maladie de la veuve Varroquet, en échange de divers avantages, dont le plus important ne pouvait se réaliser qu'au décès de cette veuve ; considérant que cette convention, frappée de nullité par la disposition prohibitive de l'article 1780, ne peut avoir aucune exécution, et même que sous, aucun rapport, elle ne peut être prise en considération dans la cause... »

L'opinion contraire est également soutenue. MM.

(1) Lyon, 4 mai 1865. S. 1866, 2, 191.

Duvergier (1) et Troplong (2) enseignent que l'on peut engager ses services pour toute la durée de la vie de celui à qui on les promet ; que ce n'est pas là un engagement prohibé par l'article 1780, qui s'occupe non de la vie du maître mais de la vie du domestique. Ces auteurs ajoutent que c'est peut-être par reconnaissance que le domestique s'est engagé à servir son maître jusqu'à sa mort, sentiment fort louable qu'il faut encourager (3).

A notre avis, il y a lieu de faire une distinction, et il faut avant de décider, examiner le rapport d'âge qui existe entre les parties. Le domestique est-il plus âgé que le maître? L'engagement qu'il prendrait de servir ce maître pendant toute sa vie devrait être annulé, car étant donné la probabilité du prédécès du domestique au maître, l'engagement du domestique aura le caractère d'engagement perpétuel, nul par conséquent par application de l'article 1780. Mais si le domestique est plus jeune que le maître, on peut alors considérer l'engagement comme contracté à temps, mais pour une durée indéterminée. On objecte les termes de l'article 1780 ; mais l'esprit de la loi impose cette solution. Un engagement qui est très vraisemblablement destiné à finir avant le

(1) *Louage*, t. II, n° 286,

(2) *Louage*, t. III, n° 857.

(3) Douai, 2 février 1850. D. 1851, 2, 133.

décès du domestique, ne peut être considéré comme un engagement perpétuel.

C'est ce que dit fort bien M. Colmet de Santerre (1) : « Nous assimilons à l'engagement pour une entreprise déterminée le contrat qui lierait le serviteur pour toute la vie du maître ; nous ne songeons ni à l'annuler, ni à le valider à priori. Il y a lieu à une appréciation de la durée probable de la vie du maître, comme il faut apprécier la durée probable de l'entreprise déterminée. Si d'après les circonstances, le serviteur a moins de chances de vitalité que le maître, le contrat cache une violation de l'article 1780 ; si le maître paraît devoir prédécéder, l'engagement est licite, non pas qu'on soit sûr de la survie du domestique, car la mort a ses surprises, mais parce qu'on est dans la même situation que si le contrat était fait pour une courte période de temps, pendant laquelle, certes, la mort peut frapper le serviteur, sans que pour cela on puisse dire qu'il s'engage pour la vie ».

C'est au juge à apprécier si la différence d'âge entre le maître et le domestique est assez grande pour faire admettre ou non l'idée d'engagement d'une durée temporaire. Le juge pourrait même prendre en considération certaines circonstances autres que l'âge, telle par exemple la mauvaise santé de l'une des parties.

(1) *Cours anal. de C. civil*, t. VII, n° 230 bis, IV.

Un moyen qu'on pourrait concevoir encore pour engager à vie un domestique, serait l'insertion dans le contrat de louage d'une clause pénale, pour le cas où le domestique quitterait son maître. Mais cette clause étant un moyen détourné de violer l'art. 1780, doit être nulle ; le contrat lui-même doit tomber tout entier, la prohibition des engagements à vie étant un principe d'ordre public, qui doit prévaloir sur la règle de l'article 1227, d'après laquelle la nullité de la clause pénale n'influe pas sur la validité du contrat principal.

Qu'arrivera-t-il maintenant, si le domestique s'est engagé à vie, ou si, ce qui est équivalent, il s'est engagé pour une durée qui très probablement sera aussi longue que celle de sa vie ? Le contrat est-il entaché d'une nullité absolue que chacune des parties pourra invoquer, ou au contraire n'y a-t-il qu'une simple nullité relative, invoquable seulement par le domestique ?

M. Troplong (1) enseigne que la nullité est simplement relative, qu'elle ne pourra être invoquée que par le domestique en faveur de qui elle a été introduite, et qu'il serait injuste que le maître puisse s'en faire une arme. « Vainement, s'écrie-t-il, on parle de liberté à protéger, d'utilité publique. Ces grands in-

(1) *Du louage*, L. III, nº 856.

térêts me paraissent hors du débat... Dès l'instant que le contrat de services perpétuels a été déclaré réductible par le législateur, dès l'instant que le serviteur est toujours armé du droit de demander son affranchissement, par quelle étrange confusion vient-on parler de liberté menacée, d'ordre public attaqué, grandes choses fort étonnées de se trouver en si petite place ? Quoi ! vous redoutez le retour de l'esclavage au préjudice de celui qui n'a qu'à ouvrir la bouche pour échapper à son engagement ! Vous craignez pour sa liberté compromise, alors qu'il n'aura pas un sou de rançon à payer pour porter ailleurs sa personne et ses services ! »

Et M. Troplong invoque encore l'ancien Droit : le Parlement de Grenoble, par arrêt du 8 avril 1604, avait, en effet, jugé que la nullité était simplement relative (1).

Une autre opinion, qui rallie la majorité de la doctrine (2) et la jurisprudence, enseigne que la nullité est absolue. Il est vrai que la solution contraire était admise dans l'ancien Droit, mais elle se comprenait à une époque où la servitude personnelle et les engagements à perpétuité étaient permis.

(1) Voir, en ce même sens, Larombière, *Des obligations*, article 1133, n° 13.

(2) Aubry et Rau, tome IV, § 372, note 1. — Colmet de Santerre, t. VII, n° 230 bis. — Guillouard, n° 712. — Laurent, t. XXV, n° 493.

Mais les principes du Code veulent que la nullité soit absolue. Il est dit, en effet, dans l'article 1131, que l'obligation sur cause illicite ne peut avoir aucun effet. Le contrat est nul, parce que la cause de l'engagement est illicite. Toute personne intéressée, même le maître, pourra donc se prévaloir de la non-existence du contrat.

Par suite, la personne qui s'est engagée et qui demande la nullité de l'engagement ne saurait, de ce chef, être condamnée à payer des dommages-intérêts. En ne respectant pas une convention illicite, elle n'a fait qu'user de son droit.

Mais si, toutefois, la convention illicite de l'article 1780 avait été exécutée pendant quelque temps, la jurisprudence permet au juge qui prononce l'inefficacité du contrat, d'apprécier la valeur des services rendus par le domestique et de fixer la rémunération à laquelle il a droit; « attendu, dit la Cour de cassation, que le jugement attaqué, après avoir justement déclaré nul et non avenu, dans toutes ses parties, le contrat par lequel Aglaé Ribout se serait engagée à servir, pendant toute sa vie, le sieur Loré, sans recevoir autre chose que sa nourriture et son entretien, a constaté que, ce contrat disparaissant, il restait à faire, d'après le droit commun et l'équité, le réglement des salaires dûs à Aglaé Ribout pour les services rendus par elle au sieur Loré, pendant treize ans; attendu qu'en statuant ainsi, le jugement attaqué, loin de violer la loi, n'en a fait qu'une juste et saine appréciation ; par ces motifs, rejette (1) ». Cela résulte de ce qu'une personne a rendu incontestablement des services à une autre, et que l'on ne peut pas s'enrichir sans cause aux dépens d'autrui.

Pour fixer le montant de cette indemnité, le juge doit prendre en considération l'usage des lieux, le déplacement du domestique, la place qu'il a peut-être quittée. « Considérant, dit la Cour de Lyon (2), qu'à défaut d'une convention valable qui puisse être consultée, c'est le cas de prendre en considération d'une part la durée, l'étendue et l'importance des services, d'autre part, les relations particulières des parties et leurs positions respectives; d'autre part enfin, les sacrifices que la demoiselle Guindraud a été amenée à supporter ». Le juge pourra donc allouer une indemnité tantôt inférieure au prix des gages que les parjies auraient stipulé, tantôt supérieure. Cela dépendra des circonstances. « Ainsi, dit M. Duvergier, un domestique encore jeune consent à ne recevoir que des gages très peu élevés, espérant les conserver quand il sera arrivé à la vieillesse ; maintenir dans cette hypothèse les stipulations relatives au prix, serait faire profiter le

(1) Cassation, 28 juin 1887. D, 88, 1, 296.

(2) Lyon, 4 mai 1865. D, 66, 2, 165.

maître d'avantages auxquels il ne peut équitablement prétendre. »

Précédemment, nous avons vu que le domestique ne pouvait s'engager à vie envers son maître, et que, s'il l'avait fait, le contrat serait nul, d'une nullité absolue. La réciproque est-elle vraie, et un maître peut-il s'engager à conserver un domestique pendant toute sa vie? Certains auteurs disent que non, et cela a été jugé ainsi : « Considérant, dit un arrêt de la Cour de Paris du 20 juin 1826, que l'article 1780 du Code civil ne permettant au domestique d'engager ses services qu'à temps ou pour une entreprise déterminée, on doit en conclure que le maître ne peut pas non plus se lier à l'égard de son domestique par un engagement irrésoluble pendant toute sa vie. »

Mais il nous semble bien que l'article 1780 n'est pas fait pour cette hypothèse ; il dit qu'on ne peut engager ses services qu'à temps, formule qui ne peut s'appliquer qu'au domestique, car lui seul engage ses services. Notre convention n'enchaîne aucunement la liberté naturelle du domestique, et il faut restreindre les prohibitions de la loi aux hypothèses spéciales qu'elle prévoit. Puis, l'esprit de la loi justifie notre opinion : le Code a voulu protéger le serviteur contre de téméraires engagements; le maître qui s'engage, même pendant toute sa vie, à garder à son service tel domestique, n'engage pas sa personne, n'aliène pas sa liberté. Il lui est loisible, si les services du domestique ne lui conviennent plus, d'y renoncer, à charge toutefois de continuer à lui payer ses gages. En définitive, un engagement de cette nature aboutit à un engagement de donner. Aucun texte n'annule comme excessif l'engagement de donner chaque année une somme d'argent, fût-ce même pendant toutes les années de sa vie.

Mais, bien entendu, le maître qui renoncerait aux services du domestique ne lui devrait pas le paiement de ses gages, si celui-ci l'a contraint à se défaire de lui par sa mauvaise conduite. Dans le contrat de louage de services, comme dans tout autre contrat synallagmatique, la condition résolutoire est sous-entendue pour le cas de non-exécution des conditions.

Si le domestique que le maître s'engage à garder toute sa vie est infirme et ne peut plus rendre aucun service, la convention alors serait une donation. Pour être valable, il faudrait qu'elle soit faite dans la forme des donations, et les parties seraient soumises aux règles relatives à la capacité de donner et de recevoir (1).

Hors l'exception relative aux engagements perpé-

(1) Colmet de Santerre, t. VII, n° 230 bis.

tuels, prohibés par l'article 1780, les parties sont pleinement libres de fixer comme bon leur semble la durée de leur engagement. Il n'y a pas dans notre Code de disposition analogue à celle de la loi russe (1) qui prohibe les engagements d'une durée de plus de cinq années. Les parties pourraient parfaitement convenir que le louage n'aurait lieu qu'à titre d'essai, ne serait définitif que si les services convenaient au maître ; elles pourront insérer à leur gré toutes sortes de clauses, pourvu que celles-ci ne soient pas interdites par la loi.

Quand la convention sera muette sur la durée du louage de services, comme cela sera le plus souvent, il faudra alors s'en référer à l'usage des lieux. En général, les domestiques attachés à la personne sont censés loués au mois, quand même ils seraient loués à tant par an ; l'année n'étant prise en considération que pour la fixation des gages. A la campagne, toutefois, très souvent les domestiques sont loués à l'année.

Quand le domestique aura loué ses services pour un certain temps, s'il continue, le délai une fois expiré, à les fournir encore, il y aura tacite reconduction. Les parties seront censées avoir contracté un nouvel engagement aux mêmes conditions que

(1) *Journal Dr. Intern.*, II, 1875, page 159.

celui qui vient de finir. Combien de temps durera ce nouvel engagement ? Ce ne sera pas pour une période de temps égale à celle qui vient de s'écouler, mais pour la période que l'usage assigne aux locations de domestiques, et cela par analogie de l'article 1759 qui assigne au louage de maisons formé par tacite reconduction la durée que fixe l'usage des lieux.

Mais bien entendu, quand le domestique n'a été engagé que pour une entreprise déterminée, comme par exemple pour accompagner quelqu'un dans un voyage, ou pour garder une maison pendant la durée de ce voyage, ce sera l'étendue du travail à faire, qui déterminera la durée du louage de services.

CHAPITRE II

EFFETS DU CONTRAT DE LOUAGE DE DOMESTIQUES.

Comme tout contrat synallagmatique, le contrat de louage de domestiques crée des obligations réciproques à la charge des deux parties contractantes : domestique et maître. De plus, la qualité de domestique entraîne certaines conséquences que nous signalerons dans ce chapitre.

SECTION PREMIÈRE

OBLIGATIONS DU DOMESTIQUE.

L'obligation du domestique consiste dans la prestation des services qu'il s'est engagé à fournir. Ces services sont déterminés par la convention, ou, à défaut, le domestique aura à accomplir tous les services pour lesquels il a implicitement voulu s'engager en prenant telle ou telle qualification. Les usages détermineront en partie ces services.

Le domestique doit les fournir en personne ; il ne pourrait, contre le gré du maître, se faire remplacer par un autre. Le contrat de louage est, en effet, un contrat dans lequel l'*intuitus personæ* joue un rôle prépondérant.

Si le domestique s'est engagé à fournir ses services, même si le maître changeait de résidence, il devra évidemment le suivre. Dans ce cas, bien entendu, les frais de route seront entièrement à la charge du maître. A défaut de convention expresse, le domestique serait fondé à refuser au maître de s'éloigner du lieu où il a été engagé. Il en serait également ainsi s'il s'agissait d'accompagner le maître dans une entreprise périlleuse.

Un domestique engagé pour une catégorie spéciale de services, serait parfaitement fondé à refuser d'accomplir un travail qui ne rentrerait pas dans ses attributions. Ainsi un cocher n'est pas tenu, à moins de stipulations expresses bien entendu, de servir à table, et un refus de sa part ne motiverait pas, pensons-nous, le renvoi immédiat sans observer le délai de huit jours, généralement obligatoire en cas de congé, quand il n'y a pas faute grave.

Le respect de son maître, l'exactitude à bien remplir ses fonctions, sont des qualités qu'il devrait avoir.

Il doit de plus obéissance à son maître pour tout ce qui concerne son service, et doit apporter à ces objets les soins d'un bon père de famille (art. 1137), engageant sa propre responsabilité en cas de faute. Ainsi le domestique à qui on confie la garde d'une maison sera responsable, si, par suite du défaut de surveillance, la maison a pu être livrée au pillage.

Ces services, le domestique doit les rendre pendant le temps convenu, ne pouvant, à la rigueur du droit, prétendre qu'aux heures de congé qu'il aurait expressément stipulées. Mais la force des choses exige que le maître lui laisse un temps suffisant pour son repos.

Enfin, le domestique doit être discret. Il ne doit pas violer les secrets qu'il a pû découvrir, ne pas révéler la vie privée de ses maîtres. Malheureusement la loi n'édicte pas de sanction ; elle eût été d'ailleurs d'une application délicate. Parfois cependant il y aura une sanction qui rejaillira indirectement sur le domestique ; quand l'indiscrétion du domestique à causé préjudice à autrui, le maître peut être tenu de le réparer et il aura un recours subsidiaire contre son domestique. Certaines indiscrétions peuvent causer un préjudice énorme ! Ce ne serait pas la peine d'assujettir les médecins au secret professionnel, si leurs domestiques, surtout si ces médecins sont spécialistes, venaient révéler au public les clients de leur maître.

Telles sont les principales obligations du domestique ; quand il y faillira, et que sa faute sera d'une certaine gravité, il pourra être congédié par le maître, et ce sans aucune indemnité, sans aucun délai de congé.

Certaines fautes seront en outre punies par la loi pénale, souvent même plus sévèrement que si elles avaient été commises par toute autre personne. Il en est ainsi en cas de vol ou d'abus de confiance (1).

L'une des qualités essentielles du domestique, et qui, quand elle existe, fait supporter bien des défauts, est l'honnêteté. Il faut bien le reconnaître, la probité est une qualité fort rare chez les domestiques de nos jours, du moins dans les grandes villes. Les *bonnes maisons* pour eux sont celles ou il y a le moins d'ordre et d'économie et le plus de gaspillage. Leur seul but, en entrant en service, est de gagner le plus rapidement possible de gros bénéfices ; et pour arriver à cela, trop souvent, chez eux, la fin justifie les moyens.

L'un de ces moyens, et le plus usité, est, pour le domestique, d'exiger ce que l'on appelle en langage courant le *sou du franc* (2). Cette habitude est tel-

(1) Voir *infrà* les développements concernant l'aggravation pénale.

(2) Certains domestiques, paraît-il, habitués à recevoir des fournisseurs cette gratification, vont même jusqu'à l'exiger du maître

lement entrée dans nos mœurs qu'en fait, maîtres et domestiques la considèrent comme licite. Et pourtant, en réalité, de ce prélèvement au vol, la distance n'est-elle pas bien minime ? L'on dit bien sans doute que ce sou, abandonné par le fournisseur au domestique, est en quelque sorte une prime, un avantage fait par le fournisseur au domestique pour l'avoir comme client, et que, somme toute, le maître n'a rien à voir aux libéralités faites au domestique, fût-ce par des fournisseurs.

Mais cette explication n'est-elle pas trop ingénieuse et toute faite pour les besoins de la cause ? En définitive, n'est-ce pas le maître qui supporte les conséquences de cette prétendue libéralité, le fournisseur ayant tendance à vendre ses marchandises à un prix supérieur et le domestique à en acheter en plus grande quantité ? N'est-ce pas aux dépens du maître que s'enrichit le domestique ?

Mais là ou nous n'hésitons pas à voir un abus de confiance, c'est quand le domestique compte au maître ses acquisitions à un prix supérieur qu'il a réellement déboursé (1). Les domestiques essaient néan-

quand il fait venir directement ses provisions de ses propriétés ! Le *sou du franc*, en pratique, est donné même à un domestique qui acquitte une note pour des fournitures commandées directement par le maître.

(1) Sur cet art de *faire danser l'anse du panier*, il existe un

moins de se justifier ; s'ils ont pu, disent-ils, grâce à leur habileté à marchander, acheter un objet moins cher que le prix demandé, n'est-il pas juste que ce soit eux qui en bénéficient ? Comme si, en faisant des économies dans leurs marchés, ils avaient fait autre chose que leur devoir, né de la confiance de leur maître. Et, en admettant qu'ils aient droit à quelque récompense, leur habileté ayant tourné au profit du maître, est-il juste qu'ils se décernent eux-mêmes cette récompense ?

Malheureusement, un fait certain, c'est qu'en pratique ces abus ne sont guère réprimés. Quand on s'en aperçoit, on préfère congédier purement et sim-

curieux dialogue d'un auteur inconnu imprimé en 1714. Ces faits ne datent donc pas que de nos jours ! La scène se passe entre deux cuisinières :

Tâchez de rencontrer un honnête boucher
Qui, vendant à la main, ou vendant à la livre,
Outre le droit commun donne le sol pour livre..
Sur chaque fourniture il vous revient un droit :
Rôtisseur, épicier, chandelier, tout vous doit...
Récriez-vous toujours sur la grande cherté ;
Les jours maigres surtout, criez, dès votre entrée,
Qu'à la halle il ne fut jamais moins de marée,
Que le beurre et les œufs y sont chers à l'excès,
Et qu'à peine y voit-on des choux et des panais...
Sachez trouver du bon sur le poivre et le clou,
Gagner sur un balai, sur du lait, sur un chou.
Pour peu qu'on ait d'adresse, on met, chaque jour maigre,
Tant pour oignon, persil, pour verjus et vinaigre,
Et souvent ce qu'on n'a déboursé qu'une fois,
On peut, quand on l'entend, le faire écrire trois...

plement son domestique, sans le livrer à la justice, craignant des représailles de sa part. La faute, d'ailleurs, n'est pas facile à prouver, car à moins de rencontrer un domestique qui, comme certaine cuisinière, inscrivait sur son livre de dépense : « petit pain d'un sou : deux sous », il est fort difficile de savoir la vérité, grâce à la complicité des fournisseurs, qui s'entendent avec les domestiques pour nous la cacher. Le maître, en outre, est parfois arrêté par un sentiment de commisération, un fait de ce genre étant un abus de confiance qualifié, c'est-à-dire un crime punissable de la réclusion, peine bien sévère pour un fait qui n'a pu causer que très peu de préjudice !

La nature juridique du délit est plus difficile à caractériser quand le domestique détourne les sommes que le maître lui remet pour payer les fournisseurs journaliers de la maison, tout en fournissant au maître les fournitures demandées. La question est délicate, et la jurisprudence a souvent varié. Qu'on en juge par l'exemple suivant : Catherine Spagner, cuisinière, recevait quotidiennement de son maître l'argent nécessaire pour acheter et payer les provisions du ménage. Elle achetait ces provisions, mais ne les payait pas ; elle détournait à son profit l'argent qui lui était remis. A raison de ce fait, elle fut citée devant le Tribunal correctionnel qui la condamna à l'emprisonnement comme coupable d'*abus de confiance*. Sur l'appel du Ministère public, la Cour de Metz, par arrêt du 26 septembre 1812, se déclara incompétente pour ce motif que Catherine Spagner avait commis un *vol domestique*. Une instruction fut suivie contre cette fille, et la Chambre du Conseil la mit en prévention de ce crime. Mais la Chambre des mises en accusation la renvoya en police correctionnelle sous l'inculpation d'*escroquerie* envers les fournisseurs qu'elle n'avait pas payés (1).

Ainsi les juges saisis de l'affaire avaient vu dans ce fait : les premiers un abus de confiance, les seconds un vol domestique, les troisièmes une escroquerie. Où est la vérité ?

Ce n'est assurément pas un vol domestique, car le maître a remis volontairement au domestique la somme dérobée, et le délit manque de l'un des éléments substantiels nécessaires pour qu'il y ait le vol, la soustraction.

Mais ce fait nous semble être un abus de confiance, ainsi que l'a jugé la Cour de cassation par un arrêt du 28 janvier 1842 (2). Sans doute, dans certains cas, le maître ne souffre pas de l'infidélité de son domestique et n'est pas tenu de réparer pécuniairement le dommage par lui causé, mais cela n'a pas

(1) Blanche. *Études pratiques sur le Code Pénal*, t. V, p. 719.

(2) S, 42, 1, 177.

d'importance. Comme le disait fort bien M. Dupin (1) dans son réquisitoire devant la Cour de cassation : « Même dans le cas où rigoureusement parlant, l'action civile des fournisseurs ne serait pas valable contre le maître, en raison des faits particuliers, il pourra cependant rester une obligation morale et naturelle d'acquitter les sommes dûes ; cela suffit pour qu'on ne puisse pas dire absolument que le maître n'éprouve aucun préjudice de l'infidélité de son domestique. »

Remarquons qu'il pourra, en outre, y avoir escroquerie vis-à-vis du fournisseur, lorsque celui-ci, par suite des principes que nous exposons plus loin, ne pourra avoir de recours contre le maître, ce qui arrivera lorsque celui-ci aura été imprudent en livrant à crédit des marchandises, ou que l'achat aura été fait contrairement au mandat exprès ou tacite donné au domestique.

Quel est maintenant le délit commis par le domestique qui ne remettrait pas à son maître des deniers ou des objets que des tiers lui auraient confiés à cet effet ? Ici comme dans beaucoup d'autres hypothèses concernant notre matière, on ne peut donner de règles absolues. Tout dépendra des circonstances. Voyons ce que veulent les principes.

(1) *Réquisitoires*, t. IV, p. 488.

En pratique, vis-à-vis des tiers, le domestique représente son maître non-seulement quand celui-ci lui donne un mandat exprès, mais encore quand son mandat n'est que tacite. Donc, pour les choses dont l'usage autorise et justifie la livraison au domestique, le tiers qui les remettrait au domestique se libèrerait valablement par le simple fait de cette remise, car dans bien des cas, les tiers sont fondés à penser à l'existence d'un mandat.

C'est maintenant que les distinctions formulées plus haut vont reparaître : Si le tiers n'a pas été imprudent en remettant au domestique l'objet afin que celui-ci, à son tour, le remette au maître, il y aura abus de confiance au préjudice du maître, c'est-à-dire crime (art 408 C. pénal). Mais si le maître démontre la non-existence du mandat ou l'imprudence commise par le tiers en se fiant à un mandat douteux, alors le maître pourra exiger à nouveau du tiers la chose déjà remise au domestique, ou son équivalant. Dans cette hypothèse, le domestique aura été le mandataire, non du maître, mais du tiers. Il se sera rendu coupable d'un abus de confiance simple, c'est-à-dire d'un délit et non d'un crime.

C'est en ce sens qu'il a été jugé, que le domestique d'un meunier qui détournait un sac de blé reçu d'un client pour le compte de son maître, commettait non pas le détournement par un domestique au préjudice de son maître, mais un simple abus de confiance au préjudice du tiers qui lui avait remis ce blé (1).

Mais si le tiers avait remis la chose au domestique en vertu d'un mandat exprès donné à cet effet par le maître, on pourrait parfaitement soutenir que par l'effet du mandat, le maître acquérait la possession légale de l'objet remis au domestique, et qu'en détournant cet objet détenu au nom du maître, le domestique commettait réellement un abus de confiance au préjudice de celui-ci, auquel le juge devrait appliquer l'aggravation pénale.

Enfin le domestique est tenu de se faire délivrer un livret à la Préfecture de Police. C'est avec ce livret que l'on pourra connaître le nombre des maîtres qu'il a servis, et quel était le nom et l'adresse du domestique. Ce livret n'indique pas le motif du départ ou du renvoi du serviteur, mais il permet qu'on aille aux renseignements près des anciens maîtres.

C'est un décret impérial du 3 octobre 1810, qui a édicté cette obligation. Une ordonnance du Préfet de Police du 1er août 1835, règlemente à nouveau cette matière. Certaines de ces dispositions sont fort sages. Elles sont généralement ignorées. C'est pourquoi nous ne croyons pas superflu de les indiquer ici :

(1) Dijon, 23 décembre 1868, D. 69, 2, 31.

DÉCRET IMPÉRIAL DU 3 OCTOBRE 1810

Art. 1er. Dans le mois qui suivra la promulgation du présent décret, tous les individus de l'un et l'autre sexe qui sont actuellement ou qui voudront se mettre en service à l'année, au mois, même au jour, en qualité de domestiques, sous quelque dénomination que ce soit, dans notre bonne ville de Paris, seront inscrits dans les bureaux qui seront désignés par le préfet de police, soit sur leur déclaration, soit sur les états et vérifications que les commissaires de police seront tenus de faire, sous peine d'une détention qui ne pourra excéder trois mois, ni être moindre de huit jours. Il sera délivré à chaque individu qui se fera inscrire un bulletin portant ses noms, prénoms, lieu de naissance, profession, son signalement, s'il est marié ou veuf, et l'indication du maître qu'il sert.

Art. 2. Ceux qui servent comme domestique de place, au mois ou au jour, seront tenus, en outre, d'avoir un domicile déclaré par eux à la préfecture de police, et de présenter au maître d'hôtel garni, ou autre citoyen domicilié, qui réponde d'eux, sous la peine portée en l'article 7.

Art. 3. Il n'est pas permis de recevoir et prendre à son service aucun domestique non pourvu d'un bulletin d'inscription; ledit bulletin restera entre les mains du maître.

Art. 4. Celui de chez qui sortira un domestique adressera le bulletin d'inscription à la préfecture de police, après y avoir inscrit le jour de la sortie.

Le domestique sera tenu de se transporter à la préfecture dans les quarante-huit heures, et d'y faire la déclaration s'il veut continuer à servir ou prendre une profession, à peine d'un emprisonnement qui ne pourra excéder quatre jours, ni être moins de vingt-quatre heures.

Le bulletin lui sera rendu visé, selon sa déclaration ; et si le maître a négligé de l'envoyer, le bureau de la préfecture le requerra de l'adresser, ou y suppléera.

Art. 5. Nul ne pourra prendre à son service un domestique, si le bulletin d'inscription ne lui est représenté visé à la préfecture de police.

Art. 6. Il est défendu aux domestiques de louer aucunes chambres ou cabinets à l'insu de leur maîtres, et sans en avoir prévenu le commissaire de police de la division où lesdites chambres ou cabinets sont situés, à peine d'une détention qui ne pourra excéder trois mois ni être moindre de huit jours.

Il est pareillement défendu aux propriétaires ou principaux locataires de leur louer ou sous-louer aucune chambre ni cabinet, sans en avoir fait la déclaration au même commissaire de police, à peine d'une amende qui ne pourra excéder cent francs, ni être moindre de vingt francs.

Art. 7. Tout domestique sans place pendant plus d'un mois, et qui ne justifierait pas de moyens d'existence, sera tenu de sortir de notre bonne ville de Paris, s'il n'est autorisé à y séjourner, à peine d'être arrêté et puni comme vagabond.

Art. 8. Il y aura toujours, au bureau établi par la préfecture de police conformément à l'article 1er, un officier de police chargé de recevoir toute plainte pour vol domestique, d'y donner suite sans délai, et de prendre toutes les mesures nécessaires pour en découvrir et poursuivre les auteurs.

Art. 9. L'obligation de se faire inscrire et de prendre un bulletin n'est applicable aux domestiques servant le même maître depuis cinq ans révolus que du jour où ils sortiraient de chez lui.

Art. 10. Les obligations qui sont imposées aux maîtres par le présent décret seront remplies par les intendants des maisons où il y en a d'établis.

Art. 11. Les peines portées au présent décret seront prescrites par six mois, si le domestique qui les a encourues est replacé au service d'un nouveau maître.

Art. 12. Notre grand-juge ministre de la justice et notre ministre de la police générale sont chargés de l'exécution du présent décret, qui sera inséré au *Bulletin des lois*.

PRÉFECTURE DE POLICE

—

ORDONNANCE CONCERNANT LES LIVRETS DE DOMESTIQUES

—

Paris, le 1er août 1853.

Nous, préfet de police,

Vu l'arrêté des Consuls du 12 messidor an VIII;

Vu le décret impérial du 3 octobre 1810, qui réglemente la profession de domestique dans la ville de Paris;

Considérant que depuis longtemps ce décret ne reçoit plus qu'une exécution insuffisante, et qu'il résulte de l'inobservation des sages mesures qu'il avait prescrites des abus qui compromettent à la fois l'ordre public, la sécurité des familles et l'intérêt des domestiques,

Ordonnons ce qui suit :

Art. 1er. Tous les individus de l'un ou de l'autre sexe qui sont actuellement ou qui voudront se mettre en service dans la ville de Paris seront tenus, dans un délai de trois mois, de se munir d'un bulletin d'inscription ou livret, à peine d'une détention qui ne pourra excéder trois mois, ni être moindre de huit jours.

Ce livret comprendra les noms, prénoms, âge, lieu de naissance de l'impétrant, ainsi que son signalement et son état civil (art. 1er du décret de 1810).

Art. 2. Le livret sera délivré à la préfecture de police, sur la production de documents propres à établir l'identité de l'impétrant, et sur le vu d'un certificat délivré par le commissaire de police de sa section.

Art. 3. Il n'est permis de recevoir et prendre à son service aucun domestique non pourvu d'un livret régulier. Ce livret restera entre les mains du maître.

Art. 4. Le maître de chez lequel sortira un domestique ne pourra, sous aucun prétexte, retenir le livret.

Il sera tenu de le porter ou de le faire remettre revêtu de son visa, le jour même de la sortie, au commissaire de police de la section, il y inscrira simplement le jour de l'entrée et le jour de la sortie, sans pouvoir y exprimer aucune mention de blâme ou de satisfaction. Dans le cas où il aurait à formuler des plaintes ou des observations sur la conduite du domestique sortant, il les adressera séparément au commissaire de police à qui sera transmis le livret. En cas de difficulté sur la remise ou le visa du livret, le commissaire de police prêtera son concours, s'il en est requis, et statuera provisoirement.

Art. 5. Le domestique sortant sera tenu de se présenter dans les quarante-huit heures au bureau de police où aura été adressé le livret, et d'y faire connaître s'il veut continuer à servir, à peine d'un emprisonnement qui ne pourra excéder quatre jours, ni être moindre de vingt-quatre heures.

Le livret lui sera rendu visé par le commissaire de police (art. 4 du décret de 1810).

Art. 6. Les obligations imposées aux maîtres pourront être remplies par les intendants des maisons où il y en a d'établis.

Art. 7. — Outre les pénalités ci-dessus rappelées, les domestiques qui ne se conformeront pas aux dispositions de la présente ordonnance pourront, suivant les circonstances, être expulsés du département de la Seine, conformément à la loi du 9 juillet 1852.

Art. 8. Les commissaires de police, le chef de la police municipale et tous les agents de la préfecture sont chargés, chacun en ce qui le concerne, de l'exécution de la présente ordonnance.

On a contesté la légalité de ce décret de 1810. Il est certain que l'Empereur n'avait pas le droit d'établir, par un simple décret, des peines. Mais d'après la Constitution de l'an VIII, il était établi un Sénat conservateur qui avait mission d'annuler les actes du gouvernement qui seraient inconstitutionnels. Et la jurisprudence admet que les décrets inconstitutionnels non annulés par le Sénat conservateur sont obligatoires, quand même ils dépasseraient les limites de l'autorité accordée au chef du pouvoir exécutif par la Constitution.

Elle pourrait donc appliquer ce décret. Mais, en pratique, il n'est pas observé, étant tombé en désuétude. Mais étant cependant toujours obligatoire en droit, le domestique ferait bien de se conformer à cette obligation du livret.

Disons, en terminant, que c'est au domestique qu'incombe la charge de la rétribution dûe aux agences de placement (1) qui lui ont fait trouver un maître. Le domestique pourrait autoriser le maître à payer au bureau le droit de placement; celui-ci prélèverait alors annuellement ce droit sur le montant des gages.

SECTION II

OBLIGATIONS DU MAITRE.

Les obligations qui résultent à la charge du maître du contrat de domesticité sont de deux sortes : D'abord, comme contre-partie des services à lui fournis, il s'engage envers le domestique à le rémunérer de

(1) Les bureaux de placement sont des agences qui servent d'intermédiaire entre les personnes sans emploi et celles qui désirent

son travail. Puis le domestique, soit en contractant, soit en commettant des délits ou quasi-délits, engage valablement son maître dans des circonstances que nous aurons à déterminer.

§ 1. — Obligations du maître vis-à-vis de son domestique.

En échange des services que lui rend le domestique, le maître lui concède certains avantages, dont le plus important est une rémunération pécuniaire.

les employer, moyennant une rétribution qui, d'ordinaire, se compose d'un double droit : 1° un droit d'inscription de 50 centimes, droit fixe, dû indépendamment de tout placement ; 2° un droit proportionnel de placement, qui est, le plus souvent, du chiffre de 3 % du montant des gages, et qui doit être payé annuellement. Ce droit, toutefois, n'est dû que lorsque le domestique est resté huit jours en place.

Cette somme étant élevée, les domestiques préfèrent, en général, se faire placer par les mairies où se trouvent des registres destinés à recevoir leur demande, ou bien se faire inscrire dans les annonces des journaux.

L'idée des bureaux de placement, excellente en elle-même, est malheureusement loin de donner, en pratique, de bons résultats. C'est trop souvent moins un sentiment de généreuse philanthropie qui anime les directeurs qu'un âpre sentiment de lucre ! Que de déboires éprouvés par des malheureux qui ont laissé chez eux jusqu'à leur dernière obole, bernés par l'illusion d'un chimérique emploi ! Que d'individus, d'une probité et d'une moralité douteuses, recommandés par eux !

A raison de son importance, nous étudierons les règles relatives aux gages dans une section spéciale.

A côté des gages, le maître généralement accorde au domestique d'autres avantages. Il est presque toujours logé chez lui ; très souvent il est nourri chez son maître. Ordinairement des conventions particulières interviendront pour ce qui concerne le vin du domestique et son blanchissage. Dans beaucoup de maisons à Paris, le domestique est chargé lui-même de l'achat de son vin, parfois même de son blanchissage ; pour cela, le maître lui remet une somme mensuelle.

Le maître qui s'engage à nourrir le domestique doit le faire d'une façon convenable (1), en ce sens que la nourriture qu'il lui donne doit être suffisante pour satisfaire son appétit, et d'une qualité assez bonne pour ne pas nuire à sa santé (2). Cette dernière condition se remplira aisément, le domestique partageant habituellement la nourriture de son maître. Mais là où l'on pourrait concevoir de plus fréquentes contestations, ce serait quand le maître donnerait à son domestique le vin en nature. Évidem-

(1) *Bulletin des justices de paix*, année 1873, p. 232. Décision du 13 mai 1872.

(2) D'après l'article 1465, la veuve a, pendant trois mois et quarante jours, le droit de prendre sa nourriture et celle de ses domestiques sur les provisions existantes, ou, à défaut, par emprunt au compte de la masse commune.

ment, il n'est pas tenu de fournir du vin de luxe, mais encore faut-il que sa qualité ne puisse être nuisible au domestique : question de fait qui sera tanchée en cas de difficultés par le juge de paix.

Nous dirons la même chose pour le logement que le maître donne à son domestique ; ce logement doit satisfaire aux préceptes de l'hygiène et de la salubrité (1).

Enfin, le maître doit rembourser au domestique qu'il fait venir d'un lieu éloigné, les frais que lui a occasionné ce déplacement. Si le maître le renvoie, il devra également l'indemniser des frais de son retour (2). Mais le domestique qui quitterait son maître de sa propre volonté ne pourrait lui réclamer aucune indemnité pour frais de route.

Le domestique peut encore stipuler des redevances particulières (3). Dans certaines villes existent

(1) Cette condition est ordinairement remplie dans les villes, où des quartiers spéciaux sont réservés aux domestiques, au sixième étage des maisons. Mais il y aurait beaucoup à dire sur ces logements, au point de vue moral. Il y règne malheureusement une promiscuité dangereuse, qui est un des agents les plus actifs de la démoralisation de plus en plus fréquente des gens de service.

(2) Paris, 4 sept. 1878, *Bulletin des Juges de paix*, 1878, p. 256.

(3) Le maître doit quelquefois habiller son domestique. Les vieux habits qu'il lui donne deviennent sa propriété ; mais le maître a le droit de conserver la livrée du domestique quand il ne la lui a pas fait payer. Il est d'usage que les habits de deuil, quand ils

des usages locaux, dans le détail desquels nous ne pouvons entrer.

Bien entendu, le maître doit rembourser au domestique les sommes qu'il a déboursées pour les acquisitions concernant le ménage ; c'est là une question de bonne foi et de régularité de comptes. Mais le maître n'est tenu de le faire que lorsque le domestique a agi dans les limites du mandat, soit tacite, soit exprès, qui lui est donné à ce sujet. Ainsi, si le domestique, abstraction faite de toute idée de fraude, avait acheté en trop grande quantité ou trop cher, quand le maître avait mis comme condition à l'acquisition qu'elle soit faite à bon marché, le maître pourrait refuser au domestique le remboursement. Le mandat a en effet été dépassé.

En dehors du service, le domestique est entièrement libre ; il ne dépend plus de son maître. Le domestique, en effet, est un être doué d'intelligence et de volonté, capable de se gouverner lui-même. Sa personnalité subsiste et le maître doit la respecter. Ainsi, le maître doit respecter la liberté du vote chez son domestique ; il ne peut lui imposer ses opi-

ont été portés par le domestique durant toute la durée du deuil, restent sa propriété.

D'après l'article 1481 : « Le deuil de la femme est aux frais des héritiers du mari prédécédé ». Parmi ces frais de deuil, il faut comprendre le deuil des domestiques.

nions personnelles. Le domestique peut voter dans un sens différent de celui de son maître. Mais si son maître est candidat et que le domestique vote contre lui, ce fait pourrait parfois être considéré comme injure grave et autoriser le renvoi immédiat. A plus forte raison en serait-il de même s'il faisait campagne ouverte contre son maître.

Le maître doit également respecter scrupuleusement la liberté de conscience de son domestique. Il ne peut l'astreindre à tel ou tel culte ; il ne peut lui ordonner d'assister à tels offices religieux, à moins que ce ne soit pour faits de service, pour accompagner, par exemple, une personne infirme ou un enfant. Mais, réciproquement, à condition que cela ne nuise pas au service, le maître ne pourrait interdire au domestique d'assister aux cérémonies religieuses de son culte, du moins à ceux que sa religion considère comme indispensables. Sinon, ce serait violenter sa conscience.

Enfin le maître sera parfois tenu d'indemniser le domestique du dommage qu'il aura éprouvé dans l'exercice de ses fonctions. La question, toutefois, n'est pas sans soulever certaines difficultés.

Quand d'abord le maître sera-t-il tenu à cette indemnité ? Remarquons bien qu'ici, nous sommes complètement en dehors du domaine de l'article 1384. Aucun texte légal ne prévoit cette question, car la loi récente du 22 avril 1898 nous semble, à cause de ses décisions exorbitantes, devoir être restreinte aux ouvriers pour lesquels elle a été faite (1). Nous n'avons donc qu'à appliquer ici les règles du droit commun. Voici ce qu'elles nous semblent exiger.

Si l'accident arrivé au domestique est une conséquence possible et fréquente des fonctions qu'il a acceptées, le maître ne nous paraît pas devoir être tenu à des dommages-intérêts. Si un cocher, en pansant un cheval, reçoit un coup de pied, ou si un cuisinier se brûle à son fourneau, pourquoi le maître serait-il responsable ? Le domestique, en acceptant de remplir ces fonctions, n'a-t-il pas implicitement accepté les chances de l'accident ?

Mais si mon cheval était vicieux et que néanmoins je le livre à mon domestique sans l'en avertir, alors je lui devrai réparation, car c'est moi qui, par mon inexcusable inadvertance, aurai été la cause première de l'accident. Si la chose que je confie à mon domestique avait des vices, je suis coupable de ne pas l'en avoir prévenu. Il se pourrait que la responsabilité du maître soit engagée même quand il aura prévenu le domestique du danger qu'il encourait : ce qui arrivera

(1) Entre autres dispositions, cette loi oblige dans son article 20 le patron à indemniser l'ouvrier blessé dans son travail, même en cas de *faute inexcusable* de la part de l'ouvrier.

lorsqu'il le chargera d'une entreprise périlleuse que la prudence aurait conseillé de ne pas lui confier. Nul doute que je devrai réparation, si, ayant un cheval vicieux, je pique l'amour-propre du mon domestique qui se fait fort de le dompter et qu'un malheur lui advienne.

Tout revient donc à cette distinction : y a-t-il faute commise soit par négligence, soit par imprudence, ou bien n'y a-t-il pas de faute qui puisse être imputée au maître. Dans le premier cas, le maître devra indemniser son domestique blessé ; dans le second cas, il sera exonéré de cette obligation.

Mais une autre question surgit : à qui incombera la charge de la preuve ? Sera-ce au domestique à prouver que son maître est en faute, ou y a-t-il présomption de faute chez le maître qui devra en faire la preuve contraire ?

La question était fort controversée en ce qui concernait la responsabilité des patrons envers les ouvriers victimes d'accidents industriels. La jurisprudence (1) appliquait à bon droit, à cette responsabilité, les règles de la responsabilité délictuelle, telle qu'elle est régie par les articles 1382 et suivants du Code civil. Il s'ensuivait qu'aucune présomption de faute n'existait contre le patron, et que c'était à

(1) Cass., 15 nov. 1881, S. 83, 1, 402 ; 14 avril 1886, S. 87, 1, 77.

l'ouvrier, demandeur en indemnité, à prouver la faute du maître, ce qui établissait en même temps son droit à une indemnité, *actori incumbit probatio.*

On appliquait donc les règles de la responsabilité délictuelle. Mais, il y a quelques années, une thèse nouvelle se fit jour, présentée simultanément par M. Sainctelette (1) en Belgique et par M. Sauzet (2) en France. D'après cette nouvelle opinion, l'article 1382 ne devait pas s'appliquer aux contestations entre patrons et ouvriers, l'article visant uniquement les tiers avec lesquels l'auteur du dommage n'était lié par aucun contrat. Mais la responsabilité du patron découlerait uniquement du contrat ; ce serait une conséquence du contrat de louage, car celui qui emploie un ouvrier doit veiller à sa conservation. La responsabilité dérivant du contrat de louage de services serait en un mot une responsabilité contractuelle régie par les articles 1135 et 1156 (3). La jurisprudence belge est en ce sens (4). Il s'en suit que le patron est présumé responsable et que c'est à lui, pour s'éxonérer de cette responsabilité, à prouver que l'accident est arrivé par force majeure ou par cas fortuit.

(1) Responsabilité et garantie, pages 140 et suivantes.

(2) Responsabilité des patrons envers les ouvriers. *Revue critique*, 1883, p. 6. 6.

(3) Hudelot et Metman. *Des obligations*, p. 210.

(4) Cass. Belge, 8 janvier 1886. S. 86, IV, 25 ; 28 mars 1889, S. 90, IV, 17.

Cette manière de voir a été adoptée par la nouvelle loi. Mais nous l'avons déjà dit, elle ne s'applique qu'aux ouvriers. Nous ne sommes liés par aucun texte légal pour résoudre la même question envisagée dans les rapports entre maîtres et domestiques.

Un premier fait qui doit d'abord attirer notre attention, c'est que l'analogie qui existe sur bien des points entre ouvriers et domestiques, nous semble ici faire totalement défaut. Les ouvriers, il est impossible de ne pas le reconnaître, sont, avec les progrès incessants de la mécanique et le développement de l'industrie moderne, en contact perpétuel avec le danger. Il n'en est pas assurément de même du domestique. Le garde-chasse risque beaucoup moins d'être blessé d'un coup de fusil que le chauffeur d'un moteur mécanique d'être pris dans un engrenage. Le cocher d'un paisible bourgeois ne court pas de grands risques ; quant aux cochers d'un dresseur, nous l'avons déjà dit au début de notre thèse, ce sont des ouvriers.

Qu'en considération des dangers très réels et très grands qu'affronte l'ouvrier pour enrichir son maître, et que ce dernier n'ignore pas, la loi édicte en principe la responsabilité du maître, c'est là une règle qui se conçoit, car un ouvrier, quelque habile qu'il soit, peut fatalement être blessé. Au contraire, la plupart du temps, quand un domestique éprouvera du dommage, ce sera par suite de son inadvertance, c'est-à-dire par suite d'une cause que le maître, en contractant, ne pouvait avoir en vue. Est-il juste que le maître soit alors présumé en faute ? Nous pensons que non, et que seules les règles de la responsabilité délictuelle doivent s'appliquer. Ce sera donc au domestique à prouver la faute du maître ; ce qu'il pourra faire, conformément au droit commun, par tous les moyens possibles : par aveu, par témoins et par simples présomptions.

§ 2. — Obligation du maître vis-à-vis des tiers.

Le maître peut être tenu envers les tiers, soit de les indemniser du dommage que leur cause son domestique, soit de payer une seconde fois les marchandises que ces tiers ont livré au domestique qui ne les a pas acquittés, lorsqu'ils ont pu réellement croire à l'existence d'un mandat tacite.

1. — *Responsabilité du maître.*

En raison de ce principe que les fautes sont personnelles, on n'est pas en général responsable du fait d'autrui. Toutefois le Code déroge à ce principe en faveur des tiers lésés par les faits de certaines personnes, placées sous la surveillance et l'autorité d'autres personnes qui, jusqu'à un certain point, peuvent être considérées comme coupables elles-mêmes de négligence dans l'accomplissement de leur devoir de surveillance, ou dans le choix de celles qu'elles emploient.

« On est responsable, dit l'article 1384, non seulement du dommage que l'on cause par son propre fait, mais encore de celui qui est causé par le fait des personnes dont on doit répondre. » Et faisant application de ce principe, l'article ajoute un peu plus loin : « Les maîtres sont responsables du dommage causé par leurs domestiques dans les fonctions auxquelles ils les ont employés. »

Le motif de cette responsabilité est avant tout la faute commise par les maîtres, ou du moins leur imprudence d'avoir mal choisi leurs domestiques ; avant de les mettre en rapport avec le public, ils auraient dû s'assurer de leur probité et de leur capacité, c'est-à-dire de leur aptitude à remplir les fonctions de leur service sans dommage pour les tiers. « N'ont-ils pas à se reprocher, disait M. Bertrand de Greuille dans son rapport au Tribunat, d'avoir donné leur confiance à des hommes méchants, maladroits et imprudents ? Et serait-il juste que des tiers demeurâssent victimes de cette confiance inconsidérée qui est la cause première, la véritable source du dommage qu'ils éprouvent ? (1) » C'est ce motif qu'indiquait déjà Guy-Coquille : « Les maîtres doivent être soigneux de choisir des serviteurs qui ne soient vicieux, larrons, querelleurs, et avec telle autre imperfection ». On le retrouve également dans Pothier (2) : « Ceci a été établi pour rendre les maîtres attentifs à ne se servir que de bons domestiques. »

A ce motif, on ajoute que le domestique est aux ordres du maître, est soumis à son autorité. Le maître est responsable, non seulement parce qu'il a mal choisi son domestique, mais parce qu'il l'a mal dirigé et mal surveillé. Telles sont les raisons que l'on donne généralement pour légitimer cette responsabilité du maître.

Dans quels cas le maître sera-t-il responsable, et en quoi consistera cette responsabilité ? Pour qu'il y ait lieu à responsabilité, il faut que le domestique ait causé un dommage à autrui, ce qu'il peut faire dans plusieurs hypothèses : d'abord, sur l'ordre du maître ; puis, en remplissant un service de sa fonction ; enfin, en dehors de tout service. La responsabilité du maître variera suivant que l'on se trouvera dans l'une ou l'autre de ces hypothèses.

La première sera la moins fréquente. Mais quand

(1) Locré, t. XIII, p. 22, nº 14.

(2) *Traité des obligations*, nº 121.

elle se présentera, le maître sera évidemment responsable, car c'est lui qui, en fait, aura été l'agent principal et direct du dommage. Ainsi, j'envoie mon domestique enlever la récolte de mon voisin : c'est moi qui serai directement et personnellement responsable de ce délit ; c'est moi qui devrai les dommages-intérêts et qui encourerai la peine, soit seul, soit, suivant les circonstances, avec mon domestique. Le maître est responsable, non d'après l'article 1384, mais d'après l'article 1382. Il a été ainsi jugé, que le maître qui ne contredirait pas à la réponse faite en sa présence par son domestique aux préposés de l'octroi serait personnellement passible des peines portées par la loi ou les règlements, si cette réponse était frauduleuse (1).

C'est la seconde hypothèse, qui est celle prévue par l'article 1384 : l'acte dommageable a été commis par le domestique à l'occasion de son service ; le maître sera responsable. « Le dommage visé par l'article 1384, dit un arrêt de la Cour de Paris (2), doit s'entendre surtout des abus commis dans l'accomplissement des fonctions, quasi-délits, délits... Il suffit que le fait dommageable ne soit pas étranger à la fonction, qu'il s'y rattache au contraire, et qu'il n'en soit qu'une extension abusive ». Nous avons vu la

(1) Cass., 21 juillet 1808. *Rép.* Dalloz, mot responsabilité.

(2) Paris, 15 mai 1851. S. 51, 2, 239.

raison qu'on donnait de cette responsabilité : le maître est en faute d'engager à son service un domestique maladroit ou méchant (1).

Ainsi, mon cocher écrase une personne en conduisant ma voiture, ou bien mon valet de chambre, en époussetant un objet par la fenêtre le laisse choir dans la rue et blesse un passant : c'est moi qui serai responsable, car ces actes ont été commis par mes domestiques en se livrant à une occupation que je leur avait commandée ou que je suis censé leur avoir commandée. Je devrai donc des dommages-intérêts.

La responsabilité du maître, en effet, n'est que civile ; il n'encourera qu'une condamnation à des dommages-intérêts, non à des peines proprement dites (2). Ainsi un cocher écrase un passant : le maître échappera à l'emprisonnement et à l'amende encourue pour le délit d'homicide ou de blessures par imprudence. Cela tient au principe que les peines doivent être personnelles. Mais il y a cependant quelques exceptions : ainsi en matière de contraventions aux lois sur les douanes, comme peine, le délinquant encourt une amende. Elle pourra retomber sur le maître, car elle

(1) La responsabilité civile du maître, établie par une ordonnance de François Ier, de 1540, ne s'appliquait alors qu'à ceux qui auraient pris à leur service des gens « inconnus, vagabonds, mal famés et de mauvaise vie ».

(2) Cass. 11 sept. 1818, S., 1819, I., 117 ; 21 avril 1827, D. 27, I, 408 ; 19 mars 1836. D. 36, I, 200.

est la réparation du préjudice causé à l'État en même temps qu'une peine proprement dite. De même, en matière de contravention d'octrois et de délits forestiers. Les frais en matière pénale ne sont pas considérés comme une peine, et le maître responsable peut être condamné à les payer (1).

Cette responsabilité, le maître l'encourt même en dehors d'ordre spécial de sa part d'accomplir le fait qui a causé le dommage, même s'il n'a pu empêcher le fait dommageable, même s'il était absent. Une seule chose est à examiner par le juge : le fait a-t-il été commis par le domestique dans les fonctions auxquelles il était employé ? Le texte de l'article ne permet pas au maître d'alléguer son impossibilité d'empêcher le fait qui donne lieu à sa responsabilité, comme elle le permet aux père et mère et instituteurs. Il est assez mal aisé de donner une raison satisfaisante de cette différence. L'on dit bien que « les maîtres ont à se reprocher d'avoir donné leur confiance à des hommes imprudents et méchants ». Cette raison n'existe pas pour les parents, mais les instituteurs privés et les artisans n'ont-ils pas également à se reprocher d'avoir accepté des élèves et des apprentis imprudents et méchants ?

Si le dommage a été causé par un domestique à

(1) Cass. 26 mai 1836, S. 36, I, 784.

un autre domestique, le maître sera également responsable ; mais bien entendu, conformément au droit commun, il faut que le dommage ait été causé pendant que l'un des domestiques exécutait le travail qui lui avait été confié. Le maître devait veiller à ce qu'un domestique ne soit pas blessé ou lésé par la méchanceté ou l'imprudence d'un autre domestique. Nous ne comprenons pas l'arrêt de la Cour de Toulouse du 26 janvier 1839, qui avait jugé que la responsabilité du maître cessait quand le dommage avait été causé à un autre préposé du maître ; le domestique disait-il, devant trouver dans les gages de son maître un dédommagement suffisant des accidents auxquels les chances du travail pourraient les exposer. Mais le fait qu'on donne des gages à un domestique, est insuffisant pour exonérer le maître des responsabilités ; les gages sont le prix du travail et non une compensation des chances futures auxquelles le domestique est exposé dans le cours de son service et qu'on n'a pas prévues pour la fixation des gages.

La Cour de cassation a bien fait d'annuler cet arrêt (1). Le maître doit être évidemment responsable, car l'article 1384 ne distingue pas et il n'avait pas à distinguer ; pourquoi le maître ne répondait-il pas de

(1) Cass., 28 juin 1841. Dalloz, *Rép.* mot : Responsabilité.

son choix, aussi bien envers son domestique qu'envers un tiers ?

Il a même été jugé par la Cour de Paris, le 19 mai 1874, que la responsabilité touchait également le maître qui mettait son domestique à la disposition d'un tiers, l'autorisant à user de ses services, et sans le prévenir de ses habitudes d'intempérance et autres défauts. Les sieurs Chevalier, Gosselin et Boulanger étaient propriétaires d'une chasse ; ils avaient à leur service, comme garde, le sieur Delondre. La chasse fut mise en actions, et, au nombre des actionnaires, le sieur Hain se trouva plus particulièrement en rapport avec Delondre pour ce qui regardait ses fonctions de garde-chasse. Hain fut assassiné par Delondre. La veuve de Hain réclama aux propriétaires de la chasse une indemnité que la Cour n'hésita pas à lui accorder (1).

Dans tous ces cas, le maître est responsable, il devra payer des dommages-intérêts. Mais aura-t-il un recours contre le domestique ? Non, évidemment, si nous nous trouvons dans la première hypothèse, où le domestique a commis l'acte dommageable sur l'ordre exprès du maître ; non également, si l'auteur du fait dommageable n'est pas responsable à raison de son âge ou de son état mental. Oui, si nous nous pla-

(1) Paris, 19 mai 1874. *Gaz. des Trib.*, 31 mai 1874.

çons dans notre deuxième hypothèse. Le maître aura un recours contre le domestique, car il est lui-même soumis au principe général de l'article 1382, que toute personne doit réparer le dommage causé par sa faute. La loi du 6 octobre 1791 consacre formellement ce recours dans l'article 8 du titre II : « Les domestiques ou autres subordonnés seront à leur tour responsables de leurs délits envers ceux qui les emploient. » La loi du 3 mai 1844 sur la police de la chasse reconnaît aussi ce droit de recours ; disposition inutile, car ce recours était de droit commun.

Et pour que ce recours soit efficace, le maître peut retenir, sur le montant des gages, la somme qu'il a dû débourser. Comme elle sera souvent supérieure au montant des gages, il aurait, pour le surplus, une action personnelle.

Si plusieurs domestiques ont causé ensemble le dommage, dans l'exercice de leurs fonctions, le recours du maître existera contre eux solidairement, car le maître est légalement subrogé à l'action de celui auquel le dommage avait été causé (art. 1251, 3°) ; or, d'après l'article 55 du Code pénal, tous les auteurs d'un même crime ou délit sont solidairement tenus de le réparer. La jurisprudence applique même la solidarité à tous les auteurs de la même infraction, alors même qu'elle ne constituerait qu'un délit civil ou un quasi-délit, du moins dans les cas où il est impossible de déterminer la part de responsabilité qui incombe à chacun dans le fait dommageable (1).

Nous arrivons enfin à la troisième hypothèse que nous avons prévue au début de ce chapitre : l'acte dommageable a été commis par le domestique en dehors des fonctions auxquelles il était employé ; le maître ne sera pas responsable. La responsabilité du maître, en effet, ne s'étend pas, comme celle du père, à tous les actes des domestiques. Etant une conséquence des rapports de subordination du domestique au maître, elle se borne aux dommages causés par les domestiques dans l'exercice de leurs fonctions. S'il n'y a aucune corrélation entre les fonctions confiées au domestique et le fait dommageable, le maître reste dans les termes du droit commun, et se trouve affranchi de la responsabilité du fait de son domestique.

Ce principe incontestable a été confirmé par un arrêt de la Cour de Paris : le 20 janvier 1870, un sieur Lathauvers, domestique des époux Lombard, assassinait sa maîtresse, la dame Lombard, et blessait grièvement la demoiselle Fiol, femme de chambre. Celle-ci forma une demande en dommages-intérêts contre les héritiers de la dame Lombard. La Cour rejeta la demande pour ces motifs « que les

(1) Cass. 25 octobre 1887. S. 87, 1, 421. — Cass. 11 juillet 1892. S. 92, 1, 505.

dispositions de l'article 1384 du Code civil ne peuvent donner lieu à la responsabilité qu'autant qu'il est prouvé que le fait dommageable s'est produit dans les fonctions auxquelles la domestique était employée ; qu'en d'autres termes il y a lieu de rechercher uniquement, en pareille circonstance, si le domestique qui a commis le fait dommageable remplissait à ce moment une fonction que le maître aurait remplie s'il n'avait pas eu de domestique » (1).

Si de même, en dehors de son service, pendant une journée de congé que lui a donné son maître, un domestique se livre à des actes dommageables, ce maître n'en saurait être responsable (2).

La jurisprudence est constante en ce sens ; mais l'application du principe sera parfois délicate dans certaines hypothèses. Les juges devront se décider d'après les circonstances. Ainsi il a été jugé que la responsabilité civile du maître n'existait pas, quand un domestique met intentionnellement le feu à la maison habitée par ses maîtres (3); quand il a commis une tentative de meurtre à la suite de discussions étrangères à son service (4); quand il a commis un empoisonnement avec un poison trouvé dans la mai-

(1) Paris, 19 mai 1874, *Gaz. des Trib.*, 23 mai 1874.

(2) Limoges, 27 nov, 1868, S, 69, 2, 42.

(3) Cass. 3 mars 1864. S. 85, 1, 21.

(4) Paris, 19 mai 1874. S. 75, 2, 36.

son de son maître (1) ; quand il injurie une personne hors de son service (2).

La Cour de Toulouse, réformant une décision du Tribunal de Saint-Gaudens du 27 avril 1896, décida que le domestique qui cause un dommage à autrui, en se servant d'une arme abandonnée qu'il prend et manie sans aucune utilité pour les fonctions auxquelles il était employé, ne saurait être considéré comme agissant dans l'exercice de ses fonctions : par suite, le maître ne saurait être déclaré responsable des conséquences de son acte dommageable (3).

Mais nous n'approuvons pas une décision de la Cour de Metz du 23 juillet 1821, d'après laquelle le maître ne serait pas civilement responsable des coups portés par son cocher au fermier d'un bac, dans une rixe suscitée à propos du passage de la voiture de son maître. Le maître aurait dû être responsable, car évidemment c'était en accomplissant un service de sa fonction que le domestique avait commis le délit.

C'est donc une question de fait. Mais il ne faut pas dire, avec la Cour de cassation (4), « qu'un domestique, dans la maison de son maître, était réputé agir dans ses fonctions ». D'où il résulterait que le maî-

(1) Cass. 3 juin 1861. S. 62, 1, 151.
(2) Paris, 9 déc. 1892.
(3) *Gaz. pal.* 1896, 2, 701.
(4) Cass. 30 août 1860. S. 60, 1, 1013.

tre serait responsable de tous les faits dommageables de son domestique, par cela seul qu'ils se seraient passés chez lui, à moins qu'il ne prouvât que le fait avait été accompli en dehors du service. Ce serait créer, en effet, une présomption qui n'est pas dans la loi, et qui même est repousssée par le texte de l'article 1384. Cette jurisprudence, d'ailleurs, a été vite abandonnée.

Signalons cependant à la règle qui exonére le maître de la responsabilité quand le délit du domestique a été commis en dehors de ses fonctions, une exception. L'article 206 du Code forestier déclare le maître civilement responsable des délits commis par leurs domestiques. Mais cet article ajoute : « cette responsabilité sera réglée conformément au paragraphe dernier de l'article 1384 du Code civil. » D'où la conséquence, que le maître pourra, comme peut le faire en toutes circonstances le père ou l'instituteur, s'exonérer de toute responsabilité en prouvant qu'il n'a pu empêcher le fait qui donne lieu à sa responsabilité.

Une autre exception doit encore être admise dans le cas où le domestique est mineur. Il commet un acte préjudiciable à autrui ; nul doute que si cet acte a été commis dans les fonctions auxquelles il était employé, le maître sera responsable. Mais il en serait de même, pensons-nous, si le fait a été accompli en dehors des fonctions du service. Ainsi un domestique mineur en jouant blesse un camarade : ce sera son maître et non son père qui sera responsable. Quand on prend à son service un enfant mineur, on s'impose des devoirs tout particuliers de surveillance et on a certains droits qu'on ne pourrait exercer vis-à-vis d'un majeur. La surveillance du maître doit remplacer la surveillance paternelle pour les actes qui n'auraient même aucun rapport avec le service. Notre solution d'ailleurs n'est pas en contradiction avec l'article 1384, car cet article ne rend le père responsable que du dommage causé par leur enfant mineur *habitant avec eux*. En prévoyant ce cas de non-cohabitation, le législateur n'a-t-il pas implicitement reporté la responsabilité sur la personne chez laquelle habite le mineur ?

Ne faut-il pas admettre une autre exception pour le cas où le maître, ayant eu connaissance de l'intention délictuelle de son domestique l'a laissé agir, alors qu'il aurait pu l'en empêcher ?

Pothier l'admettait, mais une grave objection juridique se dresse de suite : le principe étant qu'on ne répond que de sa propre faute, la responsabilité qu'entraîne le fait d'autrui ne peut résulter que de la loi ; or le Code rend bien le maître responsable des délits de son domestique commis dans l'exercice de ses fonctions ; mais dans toute autre hypothèse, il reste soumis au droit commun, c'est-à-dire affranchi de la responsabilité du fait d'autrui, car, lorsque le domestique est en âge de diriger lui-même ses actions, il n'est tenu d'obéir au maître que pour les faits de son service, et, en dehors de là, le maître n'a pas de contrôle légal sur ses actions (1).

Assurément, le maître est coupable de ne pas avoir tenté d'empêcher le délit de s'accomplir, en usant de l'autorité morale qu'il conserve sur son domestique, même en dehors du service. Certains (2) disent qu'il y a de sa part *négligence coupable*, et qu'on pourrait le rendre responsable, d'après l'article 1383 qui édicte la responsabilité de celui qui a causé, non seulement par son fait, mais encore par sa *négligence*, dommage à autrui. Cette conception qui tendrait à faire du domestique une partie plus intégrante de la *domus*, serait fort soutenable en législation. Mais elle n'est pas celle du Code. Peut-être pourrait-on exceptionnellement soutenir cette opinion dans des hypothèses très caractérisées (3), où la négligence prendrait les proportions d'une faute grave, d'une sorte de complicité morale, mais nous ne

(1) Soudat. *Traité de la responsabilité*, n° 925.

(2) V. notamment Dalloz, *Rép.* mot responsabilité.

(3) Ainsi, connaissant les sentiments de vengeance que nourrissait mon domestique, je lui donne un congé pour lui permettre de les satisfaire.

croyons pas qu'on puisse en faire un principe général. Sans doute on est responsable de sa simple négligence, mais encore faut-il qu'avant il y ait eu un fait positif. La simple abstention, si coupable qu'elle soit, n'est pas suffisante dans notre législation pour faire encourir la responsabilité.

2. — *Mandat tacite des domestiques.*

On a contesté (1) l'existence, dans notre législation actuelle, du mandat tacite, c'est-à-dire du mandat résultant du consentement tacite des deux parties. Mais cette opinion est, à bon droit, presque universellement repoussée. Le mandat, en effet, est un contrat consensuel, et, pour sa perfection, il suffit du consentement des parties ; peu importe que ce consentement soit manifesté par un acte authentique ou un acte sous seing privé, verbalement ou tacitement. C'est un contrat de cette nature, un mandat tacite qui intervient entre maîtres et domestiques, comme il en existe un sous le régime de la communauté, lorsque la femme fait les acquisitions pour le ménage.

Le domestique est donc le mandataire du maître ; il représente ce dernier vis-à-vis des tiers. Un débiteur du maître se libérerait valablement en remettant

(1) V. notamment Toullier, *Droit civil*, t. XI, n° 25.

au domestique ce qu'il devait au maître, du moins si la dette était de celles dont l'usage quotidien autorise la libération de cette manière.

Ce mandat tacite existe également pour l'achat des fournitures de ménage. Ainsi, hypothèse assez fréquente, car la jurisprudence en offre de nombreux exemples, quelque temps après le départ du domestique, le maître reçoit des notes de fournitures non acquittées, et pour le paiement desquelles l'argent avait été remis au domestique. Le domestique, en ne payant pas les fournisseurs, commet un abus de confiance. Mais qui en supportera les conséquences si le domestique est insolvable ? Le maître sera-t-il tenu de payer une seconde fois ?

En général, les maîtres n'achètent pas eux-mêmes les provisions du ménage, ils envoient leurs domestiques à leur place. Lorsque ces derniers achètent à un marchand, ceux-ci peuvent donc, à bon droit, présumer l'existence d'un mandat et croire que, réellement, ils achètent au nom du maître, dans les cas où l'acquisition est normale. Le maître sera alors tenu de payer une seconde fois, car le mandataire représente valablement le mandant. Si le mandataire est infidèle, la conséquence doit en retomber sur le mandant, et non sur le tiers qui a contracté sur la foi de ce mandat. Le maître sera donc, en principe, tenu de payer une seconde fois.

Mais le mandataire n'engage le mandant que dans les limites de son mandat. Si le fournisseur est prudent, il ne doit pas livrer à crédit des marchandises, se confiant à la foi du maître, quand le mandant est incertain. Sinon, il serait en faute, et la jurisprudence n'hésite pas, dans ces cas-là, à le déclarer non recevable à demander au maître la réparation du dommage.

Ce sera une question de fait. Le juge devra voir si oui ou non le fournisseur est en faute. S'il est en faute, il ne pourra réclamer au maître aucune indemnité.

Ainsi, le fournisseur serait imprudent s'il livrait à un domestique des approvisionnements dont l'usage n'est pas de son service, ou s'il lui vendait à crédit des marchandises que les maîtres achètent ordinairement eux-mêmes, ou si encore il remettait à un domestique une quantité exagérée de marchandises (1).

De même lorsque le maître a l'habitude d'acheter

(1) « Attendu que Fabre a eu le tort de ne pas prendre de plus amples et de plus sérieux renseignements sur le maître qui pouvait charger sa domestique de tels ordres ; qu'il aurait dû s'enquérir de sa situation de famille, de sa manière de vivre ; qu'il aurait dû voir le maître lui-même ; que s'il avait agi ainsi, il se serait convaincu aisément que Vincent, homme âgé, n'exerçant aucune profession, ne disposant que de modiques ressources, et vivant seul, n'avait nul besoin d'acheter pour son usage personnelle une aussi grande quantité d'huile ; qu'il n'avait donné aucun mandat de ce genre à sa domestique, et qu'il était évidemment victime de manœuvres

au comptant, ou de payer régulièrement à des époques déterminées, et que le fournisseur qui, présentant régulièrement sa facture, la remporte non acquittée, celui-ci commet une faute grave de ne pas en prévenir le maître. En livrant ainsi à crédit pendant quelques temps des marchandises, le fournisseur agit contre la volonté certaine, quoique implicite, de son acheteur. Le maître ne sera pas tenu de payer une seconde fois les mêmes sommes qu'il avait à cette intention déjà données au domestique, et que ce dernier a pu détourner, grâce au silence gardé par le fournisseur.

La jurisprudence est certaine en ce sens : « Attendu, dit un jugement du tribunal de la Seine du 28 juillet 1828 (1), que les domestiques sont constitués mandataires tacites de leur maître pour acheter les objets nécessaires à l'entretien de leurs maisons, ces acquisitions doivent être faites au comptant ; que les fournisseurs qui accordent des crédits considérables aux domestiques sans en avoir prévenu les maîtres, sont nonrecevables à rien exiger de ces derniers, lorsqu'ils ont remis à leurs domestiques la somme nécessaire aux dites dépenses. »

C'est ce qu'a décidé également le Tribunal de la

frauduleuses de la part de cette dernière ». (*Bulletin des décisions des Juges de paix*, 1890, page 164. Montpellier, 25 avril 1890).

(1) Seine, 27 juillet 1828. S. 1830, 2, 148.

Seine, dans une instance formée par le sieur Rosnoblet contre la reine Isabelle de Bourbon : « Attendu, en droit, porte le jugement que les domestiques ou préposés ne sont considérés comme mandataires de leurs maîtres que pour les acquisitions faites au comptant et que le maître ne peut être tenu envers les fournisseurs du paiement des marchandises qu'il a payées à son préposé ; que le commerçant qui, sur la demande d'un domestique, consent à lui livrer à crédit, sans s'assurer auparavant si c'est le maître lui-même qui sollicite ce crédit, *fait confiance au domestique et non au maître*, et qu'il ne peut dès lors qu'accuser sa propre imprudence si le maître, qui a régulièrement payé son préposé, refuse de solder une seconde fois, et de reconnaître un crédit qu'il n'a pas demandé (1) ».

A plus forte raison le fournisseur serait-il coupable s'il avait livré à crédit des marchandises contre la volonté expresse du maître.

Mais si le maître avait pris l'habitude tantôt de payer comptant, tantôt d'acheter à crédit, le fournisseur pourrait facilement être tenté d'avoir confiance dans le domestique ; il pourrait ne pas y avoir de faute de sa part, et, partant, le maître pourrait être

(1) Trib. Seine, 8 août 1874. — Gaz. Trib. 9 août 1874. — V. également jugement du 1er juillet 1885. *Bulletin des décisions des juges de paix*, 1886, page 58.

tenu de payer à nouveau le fournisseur, trompé de très bonne foi sur l'existence du mandat tacite.

SECTION III

DES GAGES.

Les gages, nous l'avons déjà dit, sont la rémunération normale du travail du domestique. Ils doivent être payés aux époques convenues ; le plus souvent, dans les villes, ce sera à la fin du mois ; souvent, à la campagne, ce sera à la fin de l'année (1). Ils sont fixés ordinairement par la convention ; à défaut de convention, ils seront déterminés par l'usage des lieux, selon l'âge et les services des domestiques (2).

Nos contrats obligeant nous et nos héritiers, une fois le maître mort, ses successeurs devront payer au

(1) Suivant l'usage, les nourrices sont généralement payées d'avance, et le mois commencé est dû en entier.

(2) « Attendu que les gages généralement payés à une forte fille dans le canton sont de 15 francs par mois de treize à seize ans, et de 25 francs par mois de seize à vingt ans ; que les trois premières années doivent donc être payées à Victorine Duforêt à raison de 180 francs par an, soit 548 francs, et les quatre dernières à raison de 300 francs par an, soit 1,150 francs pour trois ans et dix mois, etc. » Jugement du 17 avril 1890. *Bulletin des décisions des Juges de paix*, 1893, page 197.

domestique le montant arriéré de ses gages. Il en serait ainsi, quand même le défunt aurait légué au domestique, dans son testament, une somme égale ou supérieure : « Le legs fait au domestique, dit l'article 1023, ne sera pas censé fait en compensation de ses gages. » Le legs, en effet, implique une idée de libéralité, et il faut présumer que le défunt a voulu véritablement gratifier le domestique. Mais le *de cujus* pourrait parfaitement manifester la volonté contraire, et établir compensation entre le legs et le montant des gages dûs au domestique. Cette disposition testamentaire aurait tout de même une certaine utilité : elle pourrait conférer au domestique qui en serait dépourvu un titre constatant sa créance ; rendre cette créance, qui était à terme, exigible ; enfin garantir cette créance de l'hypothèque légale du légataire.

D'après l'article 909 du Code de procédure, les domestiques peuvent requérir l'apposition des scellés après le décès de leur maître, lorsque soit le conjoint, soit l'un des héritiers est absent. Cette disposition, qui pourra leur être utile pour sauvegarder le patrimoine sur lequel se prélèverait, le cas échéant, leur legs, est dicté surtout par l'intérêt que les domestiques sont censés porter aux héritiers, et plus encore par la nécessité dans laquelle ils se trouvent de mettre leur responsabilité à couvert et d'écarter tout soupçon de détournement.

§ 1. — Retenues que le maître peut opérer.

Les gages sont dûs proportionnellement aux jours de travail fournis par le domestique. Si ces services, pour une raison ou pour une autre, n'ont pas été rendus, le maître doit être déchargé du prix de ces services.

Ainsi, un domestique tombe malade ; il ne peut, pendant quelque temps, remplir son service, le maître est-il fondé à retenir une partie de ses gages ? Évidemment non, si l'indisposition du domestique n'est que passagère et n'a pu causer au maître aucun préjudice appréciable. La maladie est un tribut auquel personne n'échappe, et une interruption momentanée de travail pour ce motif doit être considérée comme un cas ordinaire, auquel le maître devait s'attendre.

Mais lorsque la maladie sera de quelque durée, ou lorsque si, étant simplement passagère, elle a néanmoins causé au maître quelque préjudice, comme si par exemple il a été obligé de pourvoir au remplacement du domestique et, par suite, de payer son successeur, il nous semble incontestable, juridiquement, que le maître serait fondé à retenir une partie des gages proportionnelle à la durée de la maladie. Que répondre à l'argument suivant du maître : Je donne à mon domestique 365 francs de gages par an, en échange de 365 jours de travail ; il ne peut me les fournir pendant 10, 20 ou 30 jours ; je lui retiens 10, 20 ou 30 francs ?

L'argumentation du maître, basée sur les principes, est inattaquable ; au besoin, il l'abriterait sous l'autorité de Pothier : « A l'égard des serviteurs qui louent leurs services pour une année, pour un mois ou pour quelque temps limité, s'il leur est survenu une maladie qui les ait empêchés de les rendre pendant une partie un peu considérable du temps pour lequel ils se sont loués, le maître est bien fondé à leur diminuer une partie du prix de leurs services, au prorata du temps que la maladie les a empêchés de les rendre (1) ». Mais à côté de la question de droit, il y a la question d'humanité, et il ne faut pas oublier la maxime : « *Summum jus, summa injuria* ».

Si cependant la maladie du domestique a été occasionnée par l'exercice de ses fonctions, si c'est en accomplissant son devoir qu'il s'est mis dans l'impossibilité momentanée de travailler, la retenue qu'opérerait le maître ne serait pas fondée. Ainsi, un cocher est blessé en dressant les chevaux de son maître ; dans ce cas et dans d'autres analogues, le

(1) Pothier. *Du Louage*, no 168.

maître serait assez humain pour ne pas faire subir au domestique une réduction proportionnelle sur le montant de ses gages. Si cependant, contrairement à tout sentiment de justice, il émettait cette prétention, le juge devrait la repousser.

Le maître pourrait même parfois être tenu, ainsi que nous l'avons vu précédemment, de servir une indemnité au domestique blessé, ce qui lui sera imposé lorsqu'il aura commandé un travail dangereux, qu'il n'aura pas pris toutes les précautions qu'exigeait la prudence, et que le dommage n'aura pas été occasionné par la faute du domestique.

Le maître ne sera pas également tenu de payer la totalité des gages, quand le domestique sera appelé à satisfaire aux obligations de la loi militaire, notamment à faire ses périodes d'instruction de vingt-huit ou de treize jours, quel que grand que soit l'accomplissement de ce devoir civique (1).

(1) L'article 341 du Code fédéral suisse des obligations dispose : « Celui qui a engagé ses services à long terme ne perd pas ses droits à la rémunération, alors qu'il est empêché de s'acquitter de son obligation pendant un temps relativement court et sans sa faute, pour cause de maladie, de service militaire ou tout autre analogue ».

L'art. 562 du projet de Code civil allemand est ainsi conçu : « Lorsqu'il s'agit de services continus exigeant complètement ou principalement toute l'industrie de celui qui les doit, celui-ci ne perd pas ses droits au salaire convenu, parce qu'il a été empêché de rendre les services pendant un temps peu considérable, pour

Enfin, le maître peut vouloir opérer des retenues de gages pour l'indemniser des dommages à lui causés par le domestique. Il est certain que, dans les cas où le maître sera responsable des délits et quasi-délits de son préposé, il aura un recours contre son domestique, s'il est obligé d'indemniser les tiers. Et alors, on ne peut contester au maître le droit de retenir sur les gages la somme qu'il a dû débourser, sinon ce serait rendre, la plupart du temps, son recours contre le domestique purement illusoire. Mais il ne le pourrait que dans la mesure où un tiers pourrait saisir, c'est-à-dire depuis la loi du 12 janvier 1895, jusqu'à concurrence seulement d'un dixième du montant des gages. La compensation, d'après l'esprit de l'art. 1293, ne peut pas être opposée par la partie pour laquelle le salaire est insaisissable.

Mais où l'hypothèse sera plus fréquente et d'une pratique journalière, c'est lorsque le domestique aura détérioré les objets mobiliers de son maître. D'après l'article 1382, quiconque cause, par son fait, un préjudice, doit le réparer. Le domestique, par suite, est-il tenu de rembourser au maître les objets qu'il

une cause relative à sa personne, mais sans qu'il y ait faute de sa part ».

Une disposition semblable serait à désirer dans nos lois françaises. Un projet de loi en ce sens a été déposé à la Chambre des députés en 1894, mais il ne concerne que les ouvriers.

a brisés ? Dans certaines maisons, on stipule expressément la responsabilité pécuniaire du domestique, en cas de maladresse, ou, du moins, on ne tolère qu'un certain quantum de casse. La convention alors fera la loi du contrat. Mais que décider, quand des stipulations de cette nature ne seront pas intervenues ?

Rendre en tous cas le domestique responsable de la casse nous semble établir une règle trop absolue. Il est impossible qu'une personne, aussi adroite qu'on le suppose, puisse manier journellement des objets fragiles, comme de la vaisselle, sans qu'il n'arrive quelque accident. Lorsqu'elle aura apporté à ce maniement toute l'attention voulue, s'il arrive quelque casse, c'est un cas fortuit, pensons-nous (1), dont les conséquences doivent être supportées par le maître. Une certaine tolérance doit s'imposer en faveur des

(1) « Attendu que le sieur Charles, tout en reconnaissant devoir à la demanderesse la somme de 38 francs qu'elle lui réclame pour solde de ses gages, oppose à la dame veuve Couture que cette somme s'est compensée avec la valeur d'un vase qu'elle a cassé pendant qu'elle était à son service comme domestique. Mais attendu que le défendeur prétend à tort que les domestiques sont toujours responsables de la valeur des objets qu'ils cassent en faisant leur service ; qu'en effet leur responsabilité est réglée par le droit commun, et qu'il ne suffit pas qu'on ait causé un dommage par son fait pour qu'on doive toujours en répondre ; qu'il faut qu'il y ait eu de la faute de la part de l'auteur du fait, sans quoi la perte doit être attribuée à un cas fortuit par celui qui le souffre. » (Paris, 20 janvier 1886, *Bulletin des juges de paix*. 1886, p. 160.)

domestiques obligés de manipuler constamment des objets fragiles (1).

Mais nous supposons que la casse a porté sur des objets que le service obligeait à toucher. La responsabilité du domestique nous semblerait devoir être admise, s'il a cassé des objets qu'il n'avait pas besoin de manier, et, à plus forte raison, s'il a touché ces objets malgré la défense formelle du maître. Que si le domestique a été imprudent; que si, pour s'épargner quelque fatigue, il a voulu faire en une fois ce que la prudence lui aurait conseillé de faire en deux, sa responsabilité nous semble être également parfaitement établie. Nul doute qu'il en serait de même si la casse était le résultat de la colère ou de la méchanceté (2).

D'après l'usage de Paris, les domestiques sont responsables entre eux de la perte de l'argenterie confiée à leurs soins ; et aussi du linge, quand ils l'ont reçu en compte. Pour s'indemniser en cas de perte, le maître pourrait retenir une partie des gages.

Est-il besoin maintenant d'ajouter, que le maître ne peut aucunement prélever sur le montant des

(1) L'article 2 du chapitre 8 du livre VIII du Code civil ottoman, défend de faire remplacer par les domestiques les objets qu'ils brisent en servant.

(2) Ces solutions s'appliqueraient *mutatis mutandis* pour les dommages matériels causés aux autres choses du maître par son domestique. Ainsi le cocher qui, en conduisant, laisserait tomber

gages, les gratifications données au domestique, soit au jour de l'an par le maître, soit par des personnes étrangères ayant reçu l'hospitalité dans la maison, et qui veulent indemniser les domestiques du surcroît de travail occasionné par leur présence ? Ce sont de libéralités qui ne peuvent évidemment être reprises (1).

De même, le maître ne pourrait prélever la somme représentative des trois journées de travail qu'il a dû acquitter pour la part du domestique dans le rôle des prestations. Le maître, d'après la loi du 21 mai 1836, est directement débiteur de cette somme pour chaque domestique qu'il emploie — à moins qu'il ne préfère acquitter les prestations en nature. Certains doutes s'étaient élevés à ce sujet, pour le jardinier ayant un logement distinct. Le Conseil d'État, à la date du 27 juillet 1894, décida qu'il devait être considéré comme un domestique, et que par suite le maître devait être imposé aux prestations à raison de ce jardinier.

La question ne peut se poser pour le paiement de la contribution personnelle, due en principe d'après

un cheval et le couronnerait, serait responsable s'il était prouvé que l'accident était survenu par sa faute, par suite d'une inattention comme cela arrivera le plus souvent.

(1) *Bulletin des décisions des j. de p.*, 1890, p. 139, jugement du 7 février 1890.

la loi du 21 avril 1832, par chaque habitant français de tout sexe, jouissant de ses droits, et non réputé indigent. En effet, une instruction ministérielle du 30 septembre 1831 édicte une présomption d'indigence quand les domestiques sont logés et nourris chez leur maître et par suite les exempte de cet impôt. Mais si le domestique demeure ailleurs que dans la maison de son maître, dans un local qu'il louerait ou qui serait sa propriété, il ne serait plus réputé indigent et devrait l'impôt personnel. Ce sera alors lui et non son maître qui devra l'acquitter.

Pour les mêmes motifs, si un impôt spécial était imposé à raison du nombre de domestiques, comme la proposition en a été faite récemmment, le maitre devrait supporter seul cet impôt, sans aucune répétition de sa part contre le domestique. Mais étant donnée la loi économique de l'incidence de l'impôt, il arriverait que ce serait, en définitive, le domestique qui l'acquitterait, car le taux des salaires baisserait forcément (1).

(1) La Convention nationale avait, au siècle dernier, édicté un impôt somptuaire sur la domesticité. Une loi du 7 Thermidor an III avait fixé le tarif suivant : 10 livres pour le premier domestique, 30 livres pour le deuxième, 60 livres pour le troisième, et ainsi de suite, dans une proportion triple. Une autre loi du 5 Floréal an X avait fixé un tarif différent : pour les domestiques, hommes, 6 francs le premier, 25 francs le deuxième, 75 francs le troisième et 100 fr. pour les autres. Pour les domestiques femmes, 1 fr. 50 la pre-

§ 2. — Prescription des gages.

Quelquefois le domestique préfère que son maître, au lieu de lui payer directement ses gages, somme minime qu'il dépenserait au jour le jour, garde le tout pour les capitaliser. Ce procédé qui a de sérieux

mière, et 3 francs la deuxième et les autres. Cet écart de tarif suivant le sexe du domestique, qu'on avait bien fait de prendre en considération, le travail de l'homme se payant plus cher, et supposant chez celui qui le demande une plus grande richesse, nous semble toutefois appliqué par cette loi dans une proportion fort exagérée !

Ces lois sont abrogées, mais on a, à diverses reprises, proposé de les rétablir. L'impôt devant frapper les manifestations extérieures de la richesse, il est incontestable qu'un certain nombre de domestiques est un élément de luxe qui pourrait être imposé. Mais pour le juste établissement de cet impôt, il y aurait bien des éléments à prendre en considération. Il serait injuste de frapper le domestique de première et indispensable nécessité. Le petit fonctionnaire, pour tenir dignement sa place, doit avoir un domestique, et pourtant, vu la modicité parfois de son traitement, la prudence ne lui conseillerait-elle pas de s'en passer ? De même, deux domestiques dans une famille nombreuse, ne sont pas nécessairement un signe de richesse.

A partir de deux domestiques dans les familles nombreuses, et en tous cas à partir de trois domestiques, l'impôt, pensons-nous, serait juste, et il devrait pour cela être gradué dans son quantum sur le plus ou moins grand nombre de serviteurs. Comme on l'a dit, cet impôt est peut-être le seul dont la proportionnalité soit inique, et la progressivité légitime.

avantages, présente cependant cet inconvénient, qu'en présence d'un maître malhonnête, le domestique pourrait se trouver frustré. En effet, le maître peut se déclarer libéré par la prescription, si le domestique n'a pas eu le soin de l'interrompre.

Cette prescription des gages est soumise à des règles spéciales ; c'est une courte prescription, dont le délai sera, suivant les cas, de six mois ou d'un an. Il sera d'un an, d'après l'article 2272, quand le domestique sera loué à l'année : « L'action des domestiques qui se louent à l'année, pour le paiement de leur salaire, se prescrit par un an. » Lorsque le domestique ne sera loué qu'au trimestre ou au mois, la prescription s'effectuera par le laps de temps de six mois (1) : règle édictée en termes généraux par l'article 2271 : « L'action des ouvriers et gens de travail, pour le paiement de leurs journées, fournitures et salaires..... se prescrit par six mois. » Cette prescription court même contre les mineurs (art. 2278).

« Néanmoins, dit l'article 2275, ceux auxquels ces prescriptions seront opposées peuvent déférer le serment à ceux qui les opposent, sur la question de savoir si la chose a été réellement payée. Le serment

(1) Si le domestique donnait mandat à son maître de placer en son nom cette somme, et que le maître ne la place pas, on pourrait soutenir que le maître serait responsable en tant que mandataire, et soumis par suite à la prescription de trente ans.

pourra être déféré aux veuves et héritiers et aux tuteurs de ces derniers, s'ils sont mineurs, pour qu'ils aient à déclarer s'ils ne savent pas que la chose soit due. » C'est ce qu'on appelle, dans ce dernier cas, le serment de crédibilité.

Le motif de cette prescription spéciale n'est pas, en effet, le même que celui qui justifie les autres prescriptions. Ce n'est pas l'idée d'ordre public qu'il faut faire intervenir ici, mais l'idée de présomption de paiement; doctrine et jurisprudence sont d'accord sur ce point. Le législateur a pensé qu'aucun écrit n'intervenant ordinairement à la naissance des obligations soumises à ces courtes prescriptions, et nous avons vu qu'il en était ainsi dans le contrat de louage de domestiques, aucun écrit également n'interviendrait pour constater les libérations successives faites par le débiteur. En effet, un écrit pourrait paraître inutile pour constater l'extinction d'une dette, dont l'existence n'était attestée par aucun écrit.

Notre prescription est donc destinée à suppléer au titre que le maître n'aura pas, et lui permettra de repousser une créance de gages, dont il ne pourrait justifier le paiement. Le maître, en définitive, en invoquant la prescription, soutient qu'il a payé, et le créancier peut exiger que cette assertion soit faite sous la foi du serment. Le maître, s'il est présent, doit s'expliquer catégoriquement sur ce point. S'il refuse de prêter le serment qui lui est déféré, il y aura alors de sa part aveu tacite de non-paiement, la présomption de la loi n'aura plus de raison d'être, et il ne pourra bénéficier de la prescription. A plus forte raison ne le pourrait-il pas, s'il y avait, de sa part, aveu exprès, ou s'il avait commencé par invoquer un moyen de défense en contradiction avec l'idée de paiement, comme par exemple une remise de dette. L'aveu de non-paiement neutraliserait alors la présomption sur laquelle repose la prescription (1).

On ne pouvait exiger une affirmation aussi catégorique de la part des veuves et héritiers du défunt, ou des tuteurs de ces derniers, car le paiement n'est pas leur fait personnel. Aussi la loi se contente-telle d'un serment de crédibilité ; ils doivent jurer leur bonne foi, affirmer qu'ils ne savent pas que leur auteur devait au domestique une partie de ses gages.

Le domestique à qui est opposée la prescription a donc la ressource de déférer le serment soit au maître, soit à ses représentants. Cette ressource est-elle la seule, et ne peut-il pas combattre par tout autre moyen l'allégation du maître ? Pourrait-il notamment provoquer l'aveu du maître par un interrogatoire sur faits et articles tendant à faire établir qu'en réalité il n'a pas été payé? On l'a parfois

(1) Jugement du 10 déc. 1878. *Bulletin des décisions des juges de paix*, 1879, p. 100.

décidé ainsi, mais ces solutions étaient des décisions d'espèces où la mauvaise foi du débiteur était éclatante, et où le juge alors faisait prévaloir l'équité sur le droit. Les principes veulent que non : « Nulle preuve, dit l'article 1352, n'est admise contre la présomption de la loi, lorsque sur le fondement de cette présomption elle dénie l'action en justice. » N'est-ce pas dénier une action en justice que d'accorder au débiteur une exception péremptoire pour repousser cette action? Nous sommes donc en face d'une de ces présomptions *juris et de jure*, contre lesquelles aucune preuve n'est admise, sauf celle réservée par la loi. La loi autorise le serment ; seul, donc, ce mode de preuve doit pouvoir être employé pour combattre l'allégation du maître.

En adoptant cette solution, ne nous mettons-nous pas en contradiction avec nous-mêmes qui permettions tout à l'heure au domestique de repousser la prescription quand il y avait aveu du maître, soit exprès lorsque, ouvertement, il déclare sa mauvaise foi, soit tacite quand il a commencé par invoquer un moyen de défense exclusif de l'idée de paiement? Nous ne le pensons pas. Ce que le domestique peut faire, c'est invoquer en sa faveur cet aveu du maître, quand il est éclatant, quand il n'aura à en faire aucune preuve. Comment, en effet, appliquer une règle basée sur la présomption de paiement de la part du maître, quand celui-ci nie énergiquement avoir payé ! Mais, autre chose est invoquer un aveu déjà fait, autre chose est le provoquer. Quand le maître n'a pas avoué, on conçoit que la règle générale, la présomption légale de paiement en sa faveur s'applique strictement et un seul mode de preuve est accordé au domestique pour prouver le contraire : le serment. Nous ne pouvons donc en admettre d'autre.

Cette prescription commence à courir dès que la créance du domestique est exigible, et elle a lieu quoiqu'il y ait continuation de services (art. 2274). Pour le domestique loué au mois, ce sera à la fin du mois ; pour celui loué à l'année, ce sera à la fin de l'année, c'est-à-dire en tous cas à l'époque où la créance est exigible. En effet, « la prescription ne court point, dit l'article 2257, à l'égard d'une créance à jour fixe, jusqu'à ce que ce jour soit arrivé ». Ce jour, ce terme peut être fixé expressément ; il peut l'être aussi tacitement. Il en est ainsi pour le paiement des gages des domestiques.

§ 3. — Privilège.

La loi accorde aux domestiques la faveur d'être payés de leurs gages par préférence aux autres créanciers du maître ; elle leur accorde un privilège qui s'exerce sur tous les meubles du maître, et subsidiairement sur ses immeubles (articles 2101 et 2104).

Plusieurs motifs justifient cette faveur. Elle repose avant tout sur un motif d'humanité. Il est bon que les domestiques, dont les gages sont le plus souvent l'unique fortune, soient assurés de la rémunération de leur travail quotidien. L'usage ne voulant pas que les domestiques en entrant au service stipulent des sûretés qui garantissent leur créance, la loi devait prendre la défense de leur intérêts. Elle pouvait d'autant plus facilement le faire que la modicité des gages ne peut amoindrir que fort peu le patrimoine du maître ; l'exercice du privilège ne nuira par conséquent guère aux autres créanciers, tout en étant fort utile aux domestiques.

Le maître lui-même, enfin, profite de ce privilège ; il sera assuré, quelque précaire que soit sa situation, de trouver les soins que nécessitent ses besoins ou ses infirmités. Le législateur a ainsi empêché l'abandon des maîtres par leurs domestiques.

Ce privilège, comme d'ailleurs la plupart des privilèges, était inconnu des Romains. Il a son origine dans le droit coutumier. S'il faut en croire Pothier (1),

(1) *Procédure civile*, n° 491.

la jurisprudence du Châtelet de Paris n'accordait ce privilège qu'aux domestiques des villes. Mais d'autres auteurs, et notamment Bourjon (1), en faisaient bénéficier tous les domestiques, qu'ils fussent de ville ou de campagne ; Valin le dit expressément dans son commentaire sur la coutume de la Rochelle ; il ajoute même que ce privilège était d'un usasage fort ancien (2). Quoiqu'il en soit, la généralité du privilège fut consacrée législativement par l'article 11 de la loi du 11 brumaire an VII. C'est cette disposition que l'article 2101 du Code civil a reproduit.

D'après cet article, ne sont privilégiés que les salaires des domestiques. On s'est demandé s'il ne fallait pas étendre ce privilège aux créances que le domestique pourrait avoir contre son maître, quand il aurait fait à ce dernier des avances pour le service de la maison ; s'il fallait également l'accorder pour le paiement des dommages-intérêts que le maître pourrait devoir au domestique, à raison de l'inexécution de ses obligations.

Nous ne le pensons pas. Tout est de droit étroit en matière de privilège. Pas de privilège sans texte. Or l'article 2101 privilégie bien les salaires des domestiques. Mais les salaires, ce sont uniquement les gages. Les créances du domestique contre son maî-

(1) *Droit commun de la France*, l. VI, t. VIII, p. 71.

(2) V. n° 84, sur l'art. 60.

tre, pour les avances qu'il lui aurait faites, ou pour les dommages-intérêts qui lui seraient dûs, ne peuvent rentrer sous la qualification de salaires. Pour ces créances, le domestique viendra donc au marc le franc avec les autres créanciers du maître ; il ne sera pas privilégié ; du moins il n'aura pas, pour leur paiement, le privilège des domestiques.

Mais si ces avances faites par lui ont eu pour objet de procurer des aliments au maître, nous serions tentés de lui accorder le droit d'invoquer le privilège des fournisseurs de subsistances. On pourrait objecter que les termes de l'article 2101-5°, excluent cette extension, supposant les fournitures faites par des marchands en gros ou par des marchands en détail, en tous cas par des commerçants. Mais le législateur nous semble avoir statué sur le *quod plerumque fit*. Ce qu'il privilégie, ce sont les fournitures de subsistances. Il semble bien résulter de l'esprit de la loi qui accorde ce privilège dans le but de faciliter à une personne obérée de dettes les aliments qui lui sont nécessaires, que peu importe le fournisseur.

Le privilège est donc uniquement accordé pour le paiement des gages, et encore la loi en restreint-elle l'exercice. En effet, aux termes de l'article 2101, § 4, ne sont privilégiés que « les salaires des gens de service pour l'année échue, et ce qui est dû sur l'année courante ». Un exemple fera bien comprendre la portée de la règle. Supposons un domestique entrant en service le 1er janvier 1880, et que l'événement qui donne lieu à l'exercice du privilège (la mort du maître, le jugement déclaratif de sa faillite ou les poursuites constatant sa déconfiture) se produise le 1er décembre 1890. Le domestique sera privilégié pour les gages arriérés du 1er janvier 1889, jour anniversaire de son entrée au 1er janvier 1890 : c'est l'année échue ; et pour ceux échus du 1er janvier 1890 au 1er décembre de la même année : voilà l'année courante. On voit que l'année se compte à partir du jour de louage de services.

Ces mots « année échue » ne doivent pas être détournés de leur véritable sens. Précédant immédiatement, dans la rédaction de l'article, les mots « année courante », le législateur a voulu privilégier l'année de gages précédant immédiatement l'année courante, l'année 1889 dans notre espèce, et non une année antérieure, l'année 1887 par exemple, dont les gages n'auraient pas été payés..

A la vérité l'application de l'article 2101 pourra entraîner des résultats incontestables juridiquement, mais parfois regrettables en pratique. Ainsi un domestique entrant au service le 1er janvier 1880, et le quittant le 30 décembre 1881, sera privilégié pour près de vingt-quatre mois. Un autre dont les fonctions auraient commencé dix jours plus tôt, le 20 décembre 1879 dans notre exemple, ne serait, dans la même hypothèse, privilégié que pour douze mois et dix jours ! Il serait équitable de permettre au domestique de renoncer au paiement des dix jours de service antérieurs à l'année 1880 : cela lui permettrait d'être privilégié pour près de deux années. Mais la loi n'autorise pas cette faculté ; le juge ne saurait donc l'admettre.

Ces mots « année échue » et « année courante » ont suscité encore une controverse. Certains auteurs, notamment M. Troplong (1), ont soutenu que jouissaient seulement de ce privilège les domestiques loués à l'année ; que ceux loués pour une période plus courte, au trimestre ou au mois comme l'usage prévaut maintenant dans les grandes villes, ne seraient pas privilégiés. Écoutons M. Troplong : « Cette condition, dit-il, est suffisamment indiquée par les termes de notre article. Ainsi les journaliers, tels que moissonneurs, métiviers, et autres gens qui sont payés à la journée et dont les salaires se prescrivent par six mois (art. 2171), ne pourraient pas se prévaloir du privilège général dont parle l'article 2101. Ce qui prouve clairement que tel est l'esprit de notre article, c'est qu'on verra, par l'article 2102 n° 1, que

(1) *Des Priv. et Hyp.*, n° 142.

le législateur a cru devoir donner un privilège spécial sur les récoltes aux journaliers employés à ce travail ; d'où il suit qu'il n'a pas été dans son intention de les faire participer au privilège de l'article 2101 ».

Cette interprétation de l'article 2101 ne nous semble pas admissible. La distinction que fait M. Troplong est loin d'être rationnelle ; elle ne repose sur aucune idée logique. « Qu'importe, dit M. Guillouard (1), que le cocher ou le valet de chambre soient engagés au mois ou à l'année ? Du moment qu'ils sont l'un cocher, l'autre valet de chambre, la nature des services qu'ils rendent est la même. » C'est, en effet, à la nature de l'engagement qu'il faut s'attacher. Les mots « année échue » et « année courante » sont mis pour restreindre dans ces limites l'exercice du privilège, non pour éliminer certaines catégories de serviteurs.

Il serait en effet bizarre que le législateur n'ait pas voulu protéger ceux qui semblent avoir le plus besoin de l'être. La créance des domestiques loués au mois est tout aussi intéressante que celle des domestiques loués à l'année. En quoi les premiers seraient-ils moins dignes de pitié et de protection ? La misère du serviteur n'est-elle pas la même dans les deux cas ?

(1) *Des Priv. et Hyp.* t. I, nº 223.

La seconde considération de M. Troplong n'est pas davantage décisive. « La loi, dit-il, a cru devoir accorder aux journaliers un privilège sur la récolte : preuve que n'étant pas loués à l'année, ils n'ont pas le privilège des gens de service. Cet argument ne vaut rien. Oui, ils n'ont pas droit au privilège des domestiques, mais c'est parce qu'ils ne rentrent pas dans la dénomination de gens de service. L'idée de domesticité éveille certaine idée de permanence, d'engagement de quelque durée. Le nom même de journalier prouve qu'il en est autrement pour eux, qu'ils ne sont pas par conséquent des gens de service. Un privilège spécial était donc indispensable pour garantir leur créance.

Nous admettons donc que, loués à l'année ou au mois, les domestiques auront un privilège pour le paiement de l'année échue de leurs gages, et pour ce qui leur est dû sur l'année courante.

Au premier abord, cette disposition peut sembler inconciliable avec les article 2271 et 2272 qui déclarent prescrits au bout de six mois ou d'un an, suivant que les domestiques sont engagés au mois ou à l'année, les gages de ces derniers. Comment concilier cet article avec l'article 2101 § 4 ?

La difficulté n'est qu'apparente. D'abord, la prescription peut avoir été interrompue par le domestique ; le maître peut avoir reconnu sa créance.

Puis l'article 2272 cadre parfaitement avec l'article 2101. Les gages des domestiques ne forment pas trois cent soixante-cinq petites créances, mais une créance unique qui ne peut devenir exigible que lorsqu'elle est due, c'est-à-dire lorsque le domestique aura fourni au maître une année de services. Supposons l'année courante se terminant le trois cent soixantième jour après l'année échue ; ce seront deux années de gages que la prescription n'aura pas atteint, et qui seront payés par privilège.

Enfin, ne l'oublions pas, la prescription des articles 2271 et 2272 sont de courtes prescriptions. Elles reposent sur l'idée de présomption de paiement. Le domestique aura toujours la faculté de déférer au maître le serment de l'article 2275. S'il refuse de le prêter, la créance ne sera pas prescrite ; le privilège par conséquent s'exercera pour l'année échue et pour l'année courante.

L'article 2101 s'appliquera donc, d'abord quand la prescription aura été interrompue, puis quand le serment aura été déféré au maître, et qu'il refusera de le prêter.

Mais en tout cas, le domestique ne peut être privilégié que pour deux années de gages au maximum. Si le maître lui en devait plus, et que sa dette ne fût point prescrite, le privilège ne pourrait s'étendre aux années antérieures. Les termes de l'article 2101 le disent implicitement. Pour se faire payer, le domestique viendra donc comme créancier chirographaire, au marc le franc avec les autres créanciers personnels du maître.

A la grande rigueur, on aurait pu n'accorder le privilège que pour l'année courante, et opposer aux serviteurs leur négligence de ne s'être pas fait payer de leurs gages une fois l'année échue. « Mais, comme le dit M. Laurent (1), les domestiques ne sont pas dans une position qui leur permette d'exiger leur paiement à l'échéance de la dette ; cela ne se peut surtout pas, et cela n'est pas dans les convenances quand le maître est malade. La loi a dû tenir compte de cette situation des parties, et accorder un privilège pour les salaires qui lui sont dûs, sans qu'il y ait reproche de négligence à adresser aux domestiques. »

Reste une dernière question, et non la moindre : quel sera le rang du privilège des domestiques ? Le Code est très incomplet sur le classement des privilèges ; quelques auteurs ont même essayé de soutenir que le Code avait à dessein omis ce classement, pour le laisser à l'arbitraire du juge. Il n'en est rien.

Nous supposons le domestique en concours avec d'autres créanciers privilégiés. Si ces autres créan-

(1) *Droit civil*, t. XXIX, p. 461.

ciers sont également des domestiques, la créance de tous ayant la même cause, la loi décide qu'ils viendront en concours au marc le franc, à quelque date que leur privilège ait pris naissance (art. 2097).

Si les domestiques sont en présence d'autres privilégiés, il y a lieu de distinguer si ces créanciers ont un privilège général ou un privilège spécial.

Dans la première hypothèse, le conflit sera très facile à résoudre ; l'article 2101, qui énumère les divers privilèges, ayant opéré en même temps entre eux le classement. Les domestiques ne viendront donc qu'au quatrième rang. Même quelques privilèges créés par des lois spéciales, tels celui des contributions directes et celui des nourrices passeront avant ; ces lois particulières le disent expressément.

Certains auteurs ont critiqué le rang assigné par la loi au privilège des domestiques. N'est-il pas injuste, disent-ils, que les domestiques qui ont bénéficié des subsistances fournies au maître, aillent primer les fournisseurs qui ne viennent qu'au cinquième rang. C'est oublier la différence de situation qui existe entre les deux catégories de privilégiés. N'être pas payé aurait peut-être comme conséquence, pour les domestiques, la ruine complète. Relativement à ceux-ci, les fournisseurs de subsistances sont dans une situation aisée. Il était plus humain de faire passer les premiers avant les seconds.

Le conflit sera plus difficile à résoudre dans la deuxième hypothèse : à une contribution ouverte, se présentent à la fois un domestique, auquel les meubles étaient affectés par privilège général, et un créancier auquel ils étaient affectés par privilège spécial. Qui des deux doit l'emporter ? La loi est muette sur ce point.

Certains auteurs (1), considérant que le privilège du domestique a, comme d'ailleurs tous les autres privilèges généraux, une cause éminemment favorable, un motif d'humanité, soutiennent qu'il doit passer avant le privilège spécial. Il a plus d'étendue ; or, l'étendue donnée au privilège, disent-ils, se mesure sur la faveur plus grande de la créance. Bien plus, ce privilège général, quand il s'exerce subsidiairement sur les immeubles, passera avant les privilèges spéciaux sur les immeubles (art. 2105) ; l'analogie n'est-elle pas complète ?

Malgré ces fortes raisons, et quelque grand que soit l'intérêt que mérite le domestique, le législateur nous semble plutôt avoir voulu faire passer les créanciers ayant un privilège spécial avant ceux ayant un privilège général, suivant en cela la doctrine de Pothier — excepté toutefois le créancier privilégié pour frais de justice. La généralité du privilège,

(1) V. not. Colmet de Santerre, *Cours analytique*, t. IX, n° 49 bis, I à V.

croyons-nous, ne tient pas à ce que la cause de la créance a paru meilleure au législateur, mais à ce que la créance, à cause de sa nature, ne pouvait être spécialisée sur certains meubles. Le privilège du domestique est général parce qu'il y aurait impossibilité à faire porter le privilège sur un bien plutôt que sur tel autre. Au contraire, en cas de privilège spécial, un bien est naturellement désigné ; ainsi, en cas de vente, ce sera le meuble vendu.

L'argument d'analogie de l'article 2105 ne suffit pas pour étendre la décision de cet article aux privilèges spéciaux sur les meubles. On conçoit aisément que le privilège général sur les immeubles prime le privilège spécial ; l'immeuble a une grande valeur, et les créances garanties par des privilèges généraux sont très modiques. Les faire passer après eût été pratiquement leur accorder un privilège illusoire ; les faire passer avant ne peut, en revanche, nuire que fort peu aux créanciers ayant un privilège spécial.

Enfin, la chose est plus profondément affectée quand elle l'est isolément que lorsqu'elle l'est conjointement avec les autres biens, et, par suite, le créancier doit avoir un rang meilleur quand il a un privilège spécial. La jurisprudence est en ce sens (1).

Quant au concours des domestiques avec des pri-

(1) Cass., 20 mars 1849. D., 49, 1, 250.

vilégiés de l'article 2103, c'est-à-dire privilégiés sur certains immeubles, nous l'avons dit incidemment, la loi donne aux premiers, comme privilèges généraux, l'avantage sur les privilèges spéciaux sur les immeubles.

§ 4. — Saisie des gages.

Nous avons vu, en étudiant le privilège des gens de service, la faveur que le Code avait fait aux domestiques pour le paiement de leurs gages. La loi du 12 janvier 1895 leur en accorde une autre dans son article 1 : « Les salaires des ouvriers et gens de service ne sont saisissables que jusqu'à concurrence du dixième, quelque soit le montant des salaires ».

Avant cette loi, le créancier d'un domestique pouvait invoquer l'article 557 du Code de procédure : « Tout créancier peut, en vertu de titres authentiques ou privés, saisir-arrêter entre les mains d'un tiers les sommes et effets appartenant à son débiteur, ou s'opposer à leur remise. » En effet, la loi du 21 Ventôse an XI ne déclarait en partie insaisissables que les traitements des fonctionnaires publics et employés civils : elle n'édictait aucune mesure relativement aux salaires des ouvriers et serviteurs. Toutefois la jurisprudence, s'appuyant sur des considérations d'équité, permettait aux juges d'apprécier si les gages des domestiques pouvaient être considérés comme alimentaires, et à ce titre affranchis des lois de la saisie-arrêt.

Une disposition législative était nécessaire pour protéger davantage les domestiques. Elle fut promulguée le 12 janvier 1895. Désormais, le créancier d'un domestique ne pourra plus invoquer l'article 557 du Code de procédure ; il ne pourra plus faire saisie-arrêt entre les mains du maître que pour le dixième des gages dûs au domestique. Disposition éminemment humanitaire, et qui témoigne hautement de l'intérêt porté par le gouvernement et par les Chambres au monde des travailleurs.

Ainsi donc, quoiqu'il arrive, les domestiques sont assurés de recevoir la presque totalité de leurs gages, qui sont insaisissables jusqu'à concurrence des neuf dixièmes. Et pour que la disposition de la loi ne restât pas lettre-morte, pour que le domestique fût protégé très efficacement contre ses créanciers, l'article 2 de la même loi a ajouté que les gages du domestique ne seraient cessibles que jusqu'à concurrence d'un dixième seulement.

C'était le corollaire nécessaire de l'article premier. Sinon le créancier eût pu tourner la loi en exigeant du domestique la cession de tout ou partie de la portion que la loi déclarait insaisissable : « Si on veut réellement assurer aux travailleurs le paiement de leurs salaires, il faut, disait M. J. Roche dans son rapport, les garantir contre les entreprises des créanciers qui pourraient, grâce à la cessibilité totale, réduire à néant toutes les dispositions prises à l'égard de la saisissabilité. » D'autre part, le domestique malhonnête eût pu se procurer, contre le vœu de la loi l'insaisissabilité totale de ses gages, en cédant la totalité à un créancier imaginaire, son complice (1).

Toutefois, à la règle de l'insaisissabilité et de l'incessibilité presque totale des gages des domestiques, la loi fait des exceptions dans son article 3 : « Les cessions et saisies faites pour le payement des dettes alimentaires prévues par les articles 203, 205, 206, 207, 214 et 349 du Code civil ne sont pas soumises aux restrictions qui précèdent. » Il suit de là que les enfants du domestique pourront saisir les gages de leur père, si celui-ci ne remplit pas l'obligation naturelle et légale de les nourrir et de les entretenir ; que sa femme pourrait en faire autant, s'il ne lui fournissait pas ce qui lui est nécessaire pour les besoins de la vie ; que tous ceux en un mot qui ont droit à des aliments ne veraient pas leur opposer

(1) Rapport de M. Regismanset au Sénat, séance du 29 juin 1894.

la disposition de la loi nouvelle. Pour toutes ces dettes, le législateur devait faire brèche au principe de l'insaisissabilité des gages.

Il aurait pu augmenter encore le nombre des exceptions. A notre avis, le législateur aurait pu, en ce qui concerne les domestiques, ne pas déclarer insaisissable une si forte partie de leurs gages ou tout au moins en laisser l'appréciation au juge. Nous approuvons entièrement la disposition de la loi en ce qui concerne les ouvriers. Outre que leur travail est plus pénible, ils ont le plus souvent à élever une nombreuse famille ; en tous cas ils doivent toujours pourvoir eux-mêmes à leur nourriture et à leur logement, toutes choses qui grèvent considérablement un budget. Il est conforme à la réalité des faits de considérer leurs salaires quotidiens comme une *pension alimentaire*, car ils ne vivent que grâce à ces salaires.

Le domestique, au contraire, comparé à eux, est un privilégié. Les gages que la loi assimile, quant au but, à ceux des ouvriers, n'ont pas en réalité, la plupart du temps, pour lui, le même caractère, celui de pension alimentaire. La preuve, c'est que de tous les travailleurs modestes, c'est le domestique qui peut le plus facilement avoir un fond de réserve, qui plus tard fera de lui un petit rentier. Très souvent son maître est chargé par lui de conserver ses gages, en attendant qu'ils puissent être échangés contre des valeurs de Bourse. Et cela est facile pour lui, car il est logé, nourri, blanchi, souvent même habillé par son maître.

Qu'on lui assure, par mesure humanitaire, une partie de ses gages, nous n'y contredisons pas. Mais, lui en assurer en tous cas les huit-dizièmes nous semble excessif. La loi lui permet de frauder des créanciers peut-être aussi intéressants que lui, et cela a comme résultat non pas de l'empêcher de tomber dans la misère, mais de lui permettre de s'enrichir à leurs dépens. Son sort, qui, somme toute, n'est pas si à plaindre, ne justifie pas, selon nous, cette faveur.

SECTION IV

CONSÉQUENCES DE LA QUALITÉ DE DOMESTIQUE.

L'assujetissement du domestique au maître, sa dépendance à son égard font que les domestiques se trouvent soumis à certaines règles particulières, à l'étude desquelles nous arrivons maintenant. Elles concernent, en droit privé, son domicile et son témoignage ; en droit pénal, l'aggravation de peine qui leur est applicable pour certains délits ; en droit public, l'incapacité qui les frappe d'être juré et de faire partie d'un Conseil municipal. Étant attachées à la condition de domestique, dont elles sont une conséquence, ces règles particulières cesseront dès que le domestique aura rompu tout lien de domesticité.

§ 1. — Droit privé.

1. — *Domicile.*

Le domicile est la relation de droit qui existe entre une personne et l'endroit où elle a son principal établissement. La loi attache au domicile des effets importants : il est le siège légal des intérêts de la personne, le lieu où elle est censée être pour les diverses manifestations de la vie juridique.

En général, on est libre de se choisir un domicile. Certaines personnes toutefois en ont un imposé par la loi ; de ce nombre sont les domestiques, ainsi que le témoigne l'article 109 du Code civil : « Les majeurs qui servent habituellement chez autrui, auront le même domicile que la personne qu'ils servent, ou chez laquelle ils travaillent, lorsqu'ils demeureront avec elle dans la même maison ».

Le Code innove sur l'ancien droit. Il y avait, en effet, controverse dans notre ancienne jurisprudence sur la question du domicile des domestiques, mais la plupart des coutumes la résolvaient en n'attribuant pas aux serviteurs de domicile légal. De là, en pratique, des procès fréquents sur sa détermination, ce qui présentait un intérêt plus grand encore que de nos jours. L'état et la capacité de la personne étaient régis autrefois par la coutume de son domicile ; d'après cette même coutume était réglée la dévolution de la succession mobilière.

Ces deux intérêts n'existent plus aujourd'hui, grâce à l'unité de législation. Mais il en subsiste d'autres. Quand on voudra intenter contre un domestique une action personnelle, le tribunal compétent sera celui du maître. Si ce domestique vient à décéder, les contestations qui pourraient s'élever, relativement à sa succession, seront de la compétence du même tribunal. Dans un autre ordre d'idées, si le domestique veut se marier, les publications légales devront être faites à la mairie du lieu où est domicilié le maître, et son union pourra y être prononcée par l'officier de l'état-civil.

Tout ceci découle du principe que le domestique a pour domicile le domicile de son maître, quand du moins il remplit les conditions exigées par la loi. Décision très logique. Le principal établissement, le plus souvent même l'établissement unique du domestique, n'est-il pas là où il est en service, où il exerce sa profession ? N'est-ce pas là, le lieu du centre de ses intérêts ? Et ne peut-on pas à bon droit présumer son intention d'établir domicile chez son maître ? La plupart du temps, la décision de la loi sera conforme à la réalité.

Mais la seule qualité de domestique ne suffit pas pour qu'il en résulte de plein droit un domicile légal. La loi le subordonne à trois conditions.

En premier lieu, il faut que le domestique soit majeur : « les majeurs qui servent » dit l'article 109. S'il est mineur, il aura, en effet, son domicile chez son tuteur, domicile qui se conçoit, car ce dernier le représentant dans tous les actes de la vie civile, c'est chez lui qu'il aura son principal établissement.

Cependant, malgré les termes généraux de l'article 109, tout domestique majeur ne sera pas domicilié chez le maitre. Prenons l'interdit judiciaire : si par impossible il est pris domestique, il est rationnel que son domicile soit celui du tuteur, sa condition étant fort analogue à celle du mineur. De même la femme mariée. L'article 108 lui assigne un domicile légal : il faut le faire prévaloir ; elle sera domiciliée chez son mari. La puissance maritale est faite pour durer ; la puissance domestique est essentiellement temporaire. Mais une fois cette puissance brisée par le divorce, la domestique sera, conformément au droit commun, domiciliée chez son maître. De même, depuis la loi du 6 février 1893, si elle est simplement séparée de corps.

La formule du Code est donc trop large ; elle est aussi trop étroite. Ainsi par le fait de son émancipation, le mineur peut se choisir un domicile ; s'il embrasse la qualité de domestique, nul doute qu'il sera domicilié chez son maître.

L'article 109 exige, en second lieu, que le domestique travaille habituellement chez son maître. En effet, un travail passager, de quelques jours peut-être, ne peut faire supposer l'intention de changer de domicile. Ayant engagé ses services pour un temps très court, le domestique n'a pas d'établissement chez celui qui l'emploie. Or, le domicile en suppose un.

Il faut enfin que le domestique demeure effectivement dans la maison du maître, qu'il y couche. Notre domicile légal ne sera pas donné par conséquent au garde-chasse, au jardinier, qui demeureraient dans une maison distincte, fût-elle la propriété du maître.

Toutes ces conditions remplies, le domestique sera de plein droit domicilié chez son maître. A la vérité, cela entraînera des résultats qui peuvent paraître bizarres. Ainsi le mari étant domestique, la femme sera domiciliée chez le maître du mari ; ses enfants, son pupille, s'il est tuteur, auront également ce domicile. Et pourtant ceux-ci peuvent demeurer dans un autre endroit, faire valoir, peut-être dans un lieu éloigné, le petit bien de la famille.

Cela se conçoit néanmoins. Quoique en service, le domestique conserve la puissance maritale et la puissance paternelle ; il reste le chef de la famille. Il a cru bon de prendre un domicile chez son maître en se faisant domestique ; il donne par cela même le domicile du maître à ceux qui sont sous sa puissance.

Ce domicile, le domestique le conservera tant qu'il sera en service. Une fois qu'il quittera son maître, il recouvrera de plein droit son ancien domicile.

2. — *Témoignage.*

Le législateur a minutieusement réglementé la preuve testimoniale, quant aux hypothèses où elle sera admissible, et quant aux personnes qui pourront être témoins.

Les domestiques sont de ceux dont le témoignage lui a paru suspect, dans les instances où leur maître est engagé. Leur état de dépendance et de subordination vis-à-vis de leur maître pouvait, à bon droit, faire soupçonner leur impartialité. Aussi le législateur, sans les frapper de l'incapacité absolue d'être témoins, a fait d'eux des témoins reprochables. On devra les entendre, à moins toutefois que la partie intéressée ne demande au juge d'exclure de l'enquête leur déposition, quand elle lui semblera suspecte ; mais, en aucun cas, le juge ne pourrait, d'office, les reprocher.

Quoique reprochée, la déposition du domestique devra être entendue dans les enquêtes ordinaires (1). Il n'appartient pas, en effet, au juge-commissaire, d'examiner le reproche ; ce rôle incombe au tribunal lui-même. Le tribunal juge-t-il le reproche mal fondé ? Il n'y aura pas besoin alors d'un supplément d'enquête pour entendre le domestique, et, par suite, il y aura économie de temps et d'argent. Juge-t-il, au contraire, le reproche bien fondé ? Dans ce cas, la déposition du domestique, quoique inscrite au procès-verbal, ne sera pas lue à l'audience.

Le motif pour lequel on soupçonne le témoignage du domestique est, nous l'avons dit, l'état de subordination où il se trouve à l'encontre de son maître. Ce motif doit faire limiter la règle générale de l'article 283. Ainsi, on ne pourra reprocher le témoignage de celui qui a été autrefois serviteur de l'une des parties, mais qui n'est plus à son service au moment de l'enquête. Il n'est plus sous l'influence de son ancien maître, et son témoignage ne doit plus être soupçonné de partialité. Bien plus, si, au moment où l'en-

(1) Dans les enquêtes sommaires, le tribunal statue d'abord sur le reproche, avant d'entendre la déposition du témoin.

quête est ordonnée, le domestique était alors au service du maître partie au procès, mais qu'il l'ait quitté à l'époque de sa déposition, le reproche doit tomber, sa dépendance vis-à-vis de son maître n'existant plus. A moins, toutefois, qu'il n'y ait fraude et que ce soit après entente que le domestique ait quitté le service. Si on peut prouver la mauvaise foi, le domestique sera reprochable ; mais comme elle ne se présume pas, tant qu'on n'aura pas fait la preuve de cette entente, on ne pourra écarter le témoignage du domestique. Il n'y a pas là exception à la règle de l'article 283. On n'applique pas cet article, parce qu'il n'y a pas lieu de l'appliquer ; on n'est pas dans l'hypothèse qu'il prévoit.

Une véritable exception se trouve, au contraire, dans l'article 245 du Code civil, relatif à la procédure du divorce. Cette exception doit être étendue à l'hypothèse analogue de la séparation de corps.

Aux termes de l'article 245 : « Les domestiques des époux peuvent être entendus comme témoins ». Écarter le témoignage des domestiques eût été, en effet, se priver de renseignements trop précieux. Les faits qui motivent les demandes en divorce ou en séparations de corps sont, le plus souvent, des scènes d'intérieur. Qui pourrait être plus apte que les domestiques à éclairer la justice ? Le Code devait faire ici exception aux règles du droit commun ; sinon il aurait, la plupart du temps, enlevé aux parties le moyen de prouver leurs allégations.

Une autre exception doit également être admise. Elle résulte très clairement des travaux préparatoires qui ont précédé la confection du titre « Des absents ». Les témoins appelés à l'enquête, qui est le préliminaire indispensable de la déclaration d'absence, doivent être choisis parmi les personnes que leurs relations avec l'absent rendent le plus aptes à renseigner la justice. Parmi elles, les plus précieux assurément seront les domestiques.

Telle est la règle avec ses exceptions. Est-il besoin d'ajouter qu'elle ne s'applique qu'en matière civile ? Dans le cas où l'intérêt social est directement en jeu (il en est ainsi dans une certaine mesure en cas d'absence), quand le maître aura commis soit une contravention, soit un délit, soit un crime, il est bien évident qu'il ne saurait dépendre de ce dernier d'entraver l'action de la justice, en s'opposant à ce que son domestique, témoin unique peut-être de son délit, ne témoignât contre lui ? D'ailleurs les peines plus fortes qui seraient les conséquences de son faux témoignage, sont dans une certaine mesure une garantie de la véracité de ses affirmations.

Nous avons supposé jusqu'à présent le domestique appelé à fournir son témoignage en justice ; n'y a-t-il pas d'autres incapacités qui l'empêcheraient de servir de témoin dans les actes de la vie civile ?

Nul doute pour les actes de l'État-civil. Voulant en favoriser la tenue, la loi est très facile sur la qualité des témoins. Il n'y aurait pas d'ailleurs de bonne raison pour exclure le domestique.

En est-il de même dans les actes notariés ? Signalons une incapacité toute relative concernant les domestiques du notaire. Aux termes de l'article 10, de la loi du 25 ventôse an XI, les domestiques du notaire sont incapables de servir de témoins instrumentaires. On redoute leur état de dépendance vis-à-vis de leur maître ; on craint aussi l'abus que pourrait faire en pratique le notaire de se servir d'eux comme témoins.

On discute si cette incapacité doit s'étendre au cas de testament public. La négative nous semble préférable. Le Code, dans l'article 975, énumère expressément et limitativement les personnes incapables de figurer comme témoins dans un testament notarié ; or, il ne mentionne pas les domestiques. Bien plus, les termes de cet article sont identiques à ceux de la loi de ventôse, sauf que le mot domestique ne s'y trouve pas écrit. N'est-ce pas la preuve manifeste de l'intention du législateur de déroger à loi de ventôse?

Objecterait-on que c'est un oubli ? Nous répondrions par ces paroles prononcées par le tribun

Joubert dans son rapport au tribunal : « La loi générale sur l'organisation du notariat ne peut être invoquée dans la matière des testaments, pour lesquels une loi particulière règle tout ce qui est relatif aux témoins (1). »

Quoiqu'il en soit, les domestiques du testateur, du légataire et de toute autre partie dans un acte notarié, pourront être témoins instrumentaires, comme tout citoyen, du moment qu'ils rempliront les diverses conditions exigées par la loi.

Notons en terminant que, d'après l'article 310 du code de procédure, les causes de reproche formulées par la loi contre les témoins sont également des causes de récusation qui peuvent être dirigées contre les experts. La foi en leur impartialité est indispensable et les motifs de défiance étaient les mêmes que pour les témoins.

3. — *Saisies-exécution.*

L'article 598 du Code de procédure civile dit expressément que les domestiques d'un créancier qui fait opérer une saisie mobilière ne peuvent être établis gardiens par l'huissier. Cette incapacité est fondée sur la crainte que le garde ne dégénérât en une

(1) Rapport n° 57. Locré, tome V, 356.

mesure vexatoire, si elle était confiée à une personne sur qui le créancier saisissant a autorité. Mais ils pourraient être désignés si le saisi les agrée (1).

De même, les domestiques de la partie saisie étant naturellement suspects, ne peuvent, en principe, être désignés gardiens, à moins que le saisissant y consente.

Les domestiques des parties ou de l'huissier ne pourraient assister celui-ci comme témoins dans les opérations de la saisie (art. 585 C. pr.).

Quant au commandement, qui est le préliminaire indispensable de la saisie, il peut être remis valablement au domestique, capable, d'après l'article 68 du Code de procédure, de recevoir tous exploits d'huissier.

§ 2. — Droit pénal.

AGGRAVATION PÉNALE RÉSULTANT DE LA QUALITÉ DE DOMESTIQUE.

Certaines circonstances, comme, par exemple, la qualité de l'agent, augmentent la gravité de l'infraction, ce qui rend son auteur punissable de peines plus graves que la peine ordinaire. Au nombre de ces circonstances aggravantes se trouve la qualité de domestique ; le Code pénal frappe le domestique plus

(1) Garsonnet. *Traité élémentaire des voies d'exécution*, p. 42.

sévèrement quand il s'est rendu coupable de trois délits facilités singulièrement, par sa situation et son rôle dans la maison : vol, abus de confiance, attentats aux mœurs.

1. — *Vol.*

Le vol, quand il a été commis par un domestique, passe de la catégorie de *délit* à celle de *crime*. On dit alors qu'il y a vol qualifié, puni, par suite, des peines criminelles.

La tradition était d'ailleurs dans le sens d'une aggravation pénale. L'ancien Droit punissait les vols domestiques d'une rigueur excessive. Les établissements de St-Louis (1) édictaient notamment, en ce cas, la peine de mort ; cette peine se trouve reproduite dans l'article 2 de la déclaration de Louis XV du 4 mars 1724. Mais, à cause de leur rigueur, ces lois ne s'appliquèrent pas ; « les maîtres, dit M. Henri Martin (2), eurent horreur de cette loi sauvage et n'en provoquèrent que très rarement l'application, de sorte que les domestiques coupables restèrent bien plus souvent impunis en France que partout ailleurs ». Le législateur avait donc manqué son but.

Aussi le Code pénal de 1791 se contente-t-il de punir de huit années de fers le vol domestique, et la loi du

(1) Livre I, chap. 30.

(2) *Hist. de France*, t. XV, p. 126.

25 frimaire de l'an VIII reproduisit la même disposition.

Aujourd'hui, l'article 386 du Code pénal édicte contre le vol domestique la peine de la réclusion. « Sera puni de la peine de la réclusion, dit cet article, tout individu coupable du vol commis dans l'un des cas ci-après :..... 3° Si le voleur est un domestique ou un homme de service à gages, même lorsqu'il aura commis le vol envers des personnes qu'il ne servait pas, mais qui se trouvaient soit dans la maison de son maître, soit dans celle où il l'accompagnait ».

Cette aggravation se comprend aisément ; deux motifs la justifient : d'une part le manquement du domestique à la confiance que les maîtres ont placé en sa probité, alors surtout qu'ils étaient dans l'obligation de la lui accorder ; de l'autre, la grande difficulté, l'on pourrait même dire l'impossibilité où se trouvent les maîtres de se prémunir des vols que pourraient commettre les domestiques, explique encore et justifie cette aggravation pénale.

Quand y aura-t-il vol domestique ? L'article 384 réprime non seulement les vols dont se rendent coupables les domestiques envers leurs maîtres, mais aussi ceux qu'ils commettraient envers des personnes se trouvant soit dans la maison du maître, soit dans la maison où le domestique l'accompagnait.

Le premier cas ne soulève pas de difficultés ; en

quelque lieu que se sera commis le vol au préjudice du maître, il y aura crime. L'aggravation en effet n'est pas motivée par le lieu où a été commis le vol, mais par les rapports de confiance nécessaires qui existent entre le maître et son domestique. Il suit de là que dans la question soumise au jury, il n'est pas besoin d'énoncer le lieu où le vol a été commis.

Aux vols commis au préjudice du maître, il faut assimiler les vols commis au préjudice de la succession du maître, du moins quand les liens de confiance qui provoquent et justifient cette aggravation existent entre le voleur et les héritiers. Tout dépendra des circonstances ; si, en effet, en droit, le contrat de louage de domestique est rompu comme nous l'avons vu, par la mort du maître, en fait le domestique ne perd pas nécessairement sa qualité au moment même où expire le maître ; mais au contraire il peut être considéré comme conservant sa qualité de domestique à l'égard de la succession, tout au moins jusqu'à l'arrivée des héritiers et tant qu'il n'a pas été congédié par eux. C'est ce qui arrivera notamment si ceux-ci lui ont manifesté leur confiance.

« Attendu, dit fort bien un arrêt du tribunal de la Seine (1) que l'aggravation pénale prévue par le § 3 de l'article 366 s'aplique aussi bien aux vols commis

(1) Seine, 22 janvier 1891. Loi 23 janvier 1891.

au préjudice de la succession que du maître lui-même, quand les circonstances constitutives de cette aggravation se trouvent réunies ; qu'en effet les liens de confiance nécessaires qui constituent un élément du vol domestique existent la plupart du temps soit avant, soit après le décès, entre le serviteur du *de cujus* et les ayants droit à la succession ; que la loi a voulu d'ailleurs sauvegarder par une aggravation de peine les ayants droit présents, et surtout absents, à raison même du libre accès accordé au serviteur en qui ils sont obligés de se confier ».

La jurisprudence a fait plusieurs fois application de cette idée ; aussi il y a quelque temps, le sieur Paillard mourut, et, lors de la levée des scellés, deux titres de rente au porteur, chacun de 3,000 francs, ne furent point retrouvés. Après une longue instruction, l'un d'eux fut retrouvé à Londres. L'information établit que c'était la veuve Perriguey, domestique du sieur Paillard, qui l'avait diverti. Mais il fut démontré que le vol n'avait pu être commis qu'après le décès du sieur Paillard, les titres de rentes se trouvant dans une cachette pratiquée sous son lit, et celui-ci avait conservé sa pleine connaissance jusqu'à ses derniers instants.

Le tribunal de la Seine n'avait pas appliqué l'art. 287 du Code pénal. Mais la Cour d'appel réforma cette décision à bon droit, car, après le décès, tant que les héritiers n'ont pas payé le domestique de ses gages, ces gages continuent à courir et au compte de la succession tant que celui-ci n'a pas été congédié. C'était alors bien comme domestique que celui-ci avait la garde et la surveillance des objets et valeurs qui se trouvaient dans l'appartement du maître (1).

Mais si après avoir reçu son congé, le domestique divertissait quelques-uns des effets de la succession, ce ne serait pas un vol domestique, mais un vol commis au préjudice des héritiers c'est-à-dire un simple délit.

Il y aura, en second lieu vol domestique, lorsque le vol aura été commis au préjudice de personnes se trouvant lors, de la soustraction, soit dans la maison du maître, soit dans celle où le domestique l'accompagnait (2). Le jury devra alors être interrogé sur le lieu où la soustraction a été opérée. On s'explique très bien que le législateur ait ici encore appliqué les peines du vol domestique. Tous les objets qui se trouvent dans la maison du maître, quoique appartenant à un tiers, doivent être sacrés pour le domestique, car le maître en est responsable et les tiers ont eus confiance en sa vigilance. D'autre part, le domestique qui accompagne son maître dans une maison étrangère y est investi, en considération de son maître, d'une

(1) Paris, 20 fév. 1891. Gaz. trib. 1891, 26 avril 1891.

(2) Paris, 30 avril 1891. Gaz. Pal. 91, 2, 231.

confiance nécessaire, qui motive également l'aggravation de peine.

Mais une difficulté surgit en présence des termes de l'article 386 : « lorsqu'il aura commis le vol, dit cet article, au préjudice de personnes se *trouvant* dans la maison du maître ». La présence réelle et effective du volé est-elle donc nécessaire ? On serait tenté de le croire en prenant à la lettre la disposition du Code, et il en résulterait que si le domestique volait dans la maison de son maître les choses qu'un tiers y aurait laissées en la quittant, il ne se rendrait coupable que d'un vol simple, puni de peines correctionnelles et non de peines criminelles.

Mais la jurisprudence est unanime à réformer cette manière de voir : « Attendu, dit un arrêt de la Cour de Poitiers (1), que d'une part le texte même du paragraphe applicable à l'espèce dont il s'agit repousse cette exigence, puisque le mot même qui sert de liaison entre la première phrase et la seconde du premier paragraphe du n° 3 dudit article 386, employé par le législateur, prouve que ce dernier a voulu étendre la disposition générale et première dudit article 386 au lieu de la restreindre ; et que, d'une autre, c'est la sécurité attachée à la garantie que présentent la personne et le domicile du maî-

(1) Poitiers, 12 mars 1852. D, 53, 2, 1423.

tre qu'il a entendu protéger, afin que la confiance que l'un et l'autre commandent fût ainsi justifiée par cela seul qu'elle se trouverait abritée sous une pénalité plus forte..... D'où il suit que c'est le lieu où le vol s'est commis et la qualité de celui qui s'en rend coupable et non la présence ou l'absence de la victime au domicile de son maître, qui impriment à la soustraction effectuée le caractère de vol domestique ; que telle est du reste la doctrine professée par les plus savants jurisconsultes, notamment par M. le conseiller Faustin Hélie (*Théorie Code pénal*, t. VII, p. 20), et par la jurisprudence constante de la Cour de cassation, ainsi que le prouvent les arrêts par elle rendus, les 13 février 1819, 10 janvier 1823, 20 août 1829 et 7 juillet 1832. »

De même, par conséquent, les vols commis par les domestiques dans les maisons où ils accompagnaient leurs maîtres seront des vols qualifiés, que la victime de la soustraction se soit ou non trouvée dans la maison au moment où le vol avait eu lieu.

Si le domestique, au lieu d'être auteur principal, n'était que complice, cela n'aggraverait pas la pénalité pour l'auteur principal, mais nous pensons que le domestique, quoique simple complice, devrait subir l'aggravation pénale (1). Mais nous croyons, contrai-

(1) En ce sens, Chauveau et Hélie, I, p. 352. En sens contraire, Berthauld, p. 514 ; Ortolan, I, 1304 ; Blanche, II, §§ 36 à 43 ; Laborde, *Droit criminel*, p. 372.

rement à la jurisprudence (1), que les circonstances aggravantes personnelles à un participant, telle la qualité de domestique, ne se communiqueraient pas à tous les participants, principaux ou accessoires (2). Cependant, si un vol avait été commis par le maître, avec la complicité de son domestique, vol d'un objet déposé chez le maître par un tiers, il ne nous semblerait pas que l'on doive, dans cette hypothèse, appliquer l'article 386 du Code pénal. C'est, en effet, une disposition limitative comme toutes les dispositions pénales, qui, par conséquent, ne peut être étendue d'un cas à un autre. Or, ce que le législateur a prévu est certainement le vol commis par les domestiques, et non ceux commis par les maîtres, même avec la complicité de leurs domestiques (3).

Quant au domestique qui recélerait un objet volé chez son maître, il ne serait complice par recel que d'un vol simple, la domesticité n'étant une cause aggravante du vol qu'envers celui qui l'a commis et non envers celui qui, après le vol, a récélé l'objet volé. C'est du moins ce qu'à jugé la Cour de cassation par un arrêt du 17 avril 1828 (4) : « Attendu que le récélement d'un effet volé est un fait postérieur au vol ;

(1) Cass. 23 août 1877 (*J. Pal.*, 84, 1, 851).

(2) Le Code pénal allemand n'étend pas au complice les circonstances aggravantes qui tiennent à une qualité personnelle chez l'auteur.

(3) Paris, 21 juin 1891. *Gaz. Pal.*, 91, 1, 212.

(4) Dalloz, Rep., t. 44, p. 1152.

qu'il n'en suppose pas la coopération ; que le § 3 de l'art. 386 du C. pén. n'a fait de la domesticité une circonstance aggravante du vol qu'envers celui qui l'a commis ou y a participé ; qu'il ne l'a point étendue à celui qui, après le vol, en a récélé tout ou partie des objets ; et attendu que dans l'espèce, Antoine Julien, accusé d'avoir commis un vol au préjudice du sieur Denanes, chez lequel il était domestique, avait été déclaré par le jury non coupable de ce vol ; qu'il avait été seulement reconnu coupable d'en avoir récélé les objets ; que le jury n'ayant point déclaré que ce vol eût été commis avec quelque circonstance aggravante, il ne constituait qu'un vol simple, punissable d'après l'art. 401 C. pén. ; que Jullien, reconnu coupable d'avoir sciemment récélé les objets volés, ne pouvait être puni que d'après cet article, combiné avec les art. 59 et 62 ; que la qualité qui lui avait été reconnue de domestique de celui au préjudice de qui le vol avait été commis ne formait pas, à l'égard du récèlement dont il s'était rendu coupable, une circonstance aggravante qui pût l'entraîner hors de l'application de ces articles ; que néanmoins la Cour d'assises du département du Gard, par son arrêt du 11 mars dernier, l'a condamné à cinq ans de réclusion, d'après le § 3 de l'art. 386, qui ne lui eût été applicable que dans le cas où il aurait été déclaré coupable d'avoir commis le vol ou d'y avoir participé par des moyens antérieurs et simultanés ; que la dite

Cour a donc fait une fausse application de la loi pénale ».

Donnons, en terminant, la statistique des vols domestiques que nous empruntons au livre de M. Bouniceau-Gesmon : « *Domestiques et maîtres. Question sociale* ».

ANNÉES	NOMBRE TOTAL des accusés	Nombre des accusés de vols domestiques		
		célibataires	Mariés ou veufs	
			ayant des enfants	sans enfants
1878	342	213	95	34
1879	328	206	90	32
1880	287	186	71	30
1881	325	181	105	39
1882	312	213	69	30
1883	253	166	61	26
1884	230	155	50	25
1885	170	114	37	19
1886	228	139	71	18
1887	187	124	52	11
1888	183	101	59	23
1889	176	111	46	19
1890	189	130	47	12
1891	168	77	65	26

Ce qui semble contredire ce que nous avons dit précédemment, c'est que ce tableau constate une diminution progressive et constante des vols domestiques. Mais les statistiques sont souvent trompeuses, et celle-ci nous semble être du nombre, car un fait bien certain, c'est que les plaintes sur l'infidélité des domestiques sont presque partout générales. Mais aussi, il est vrai d'ajouter que les maîtres n'aiment pas livrer leurs domestiques voleurs à la justice répressive. Peut-être craignent-ils la vengeance de ceux-ci ; peut-être aussi la peine applicable leur paraît-elle trop forte ; quoiqu'il en soit, les maîtres préfèrent en général renvoyer leurs domestiques plutôt que de s'exposer à des ennuis. C'est là un fait dont on doit bien se garder de ne pas tenir compte, quand on considère cette statistique des vols domestiques. « Il y a à cet égard, à Paris, dit M. Bouniceau-Gesmon, une telle indifférence, que c'est à peine si, sur dix vols domestiques qui y sont commis, il en est un qui parvienne à la connaissance de la justice et donne lieu aux poursuites de celle-ci. Tantôt, c'est le peu d'importance des objets volés qui fait qu'on ne peut se déterminer à dénoncer un serviteur qu'un instant de faiblesse peut avoir égaré ; tantôt, si les objets volés sont, au contraire, d'un grand prix, c'est parce qu'on est parvenu à rentrer en leur possession qu'on éprouve de la répugnance à être l'auteur d'une condamnation sévère dont les conséquences sont incalculables pour les malheureux qui s'y exposent ; tantôt enfin, le silence vient de ce qu'on a à se reprocher d'avoir été trop facile à prendre à son service et à introduire au sein de sa famille un homme ou une femme dont on ne connaissait ni les antécédents ni l'origine, et afin de ne pas avoir encore à faire cet aveu devant la justice, on se contente presque toujours d'expulser le voleur, sans que pour cela on montre une plus grande prudence quand il s'agit de le remplacer (1). »

Les statistiques montrent également (2) que les dé-

(1) Ce qui frappe encore dans ce tableau, c'est que le nombre des accusés mariés ou veufs ayant des enfants est de près des deux tiers supérieur au nombre des accusés domestiques sans enfants !

(2) Voir les tableaux suivants A et B.

(A) *Tableau des quatorze départements qui ont fourni le plus d'accusés de vols domestiques pendant les années écoulées entre 1882 et 1891 inclusivement.*

DÉPARTEMENTS	POPULATION d'après le dernier recensement	Total des accusés pendant les dix années	Rapport du nombre total des accusés avec la population		
Calvados	428.945	63	Un accusé sur	6.809	habitants.
Yonne	344.688	50	—	6.894	—
Seine	3.141.595	434	—	7.238	—
Eure	349.471	47	—	7.435	—
Indre-et-Loire	337.298	39	—	8.648	—
Loiret	377.718	40	—	9.443	—
Finistère	727.012	61	—	11.918	—
Hérault	461.651	37	—	12.477	—
Seine-Inférieure	839.876	67	—	12.535	—
Loire-Inférieure	645.263	51	—	12.652	—
Seine-et-Oise	628.590	49	—	12.828	—
Ille-et-Vilaine	626.875	37	—	16.942	—
Gironde	793.528	42	—	18.893	—
Nord	1.736.341	56	—	31.006	—

partements où il y a proportionnellement le plus de vols domestiques sont ceux dont les chefs-lieux sont de grands centres de population. La dépravation, en effet, y est plus grande que dans les petites villes, et le nombre des personnes riches ou aisées y étant plus considérable, il y a plus de domestiques, relativement à la population, que dans les autres départements. « Il faut ajouter, écrit M. Bouniceau-Gesmon, que la cause la plus réelle de la corruption des domestiques dans ces grands

(B) *Tableau des quatorze départements qui en ont fourni le moins.*

DÉPARTEMENTS	POPULATION d'après le dernier recensement	Total des accusés pendant les dix années	Rapport du nombre total des accusés avec la population		
Vosges	414.196	0	Un accusé sur	0	habitants.
Basses-Alpes	124.285	0	—	0	-
Hautes-Alpes	115.522	1	—	115.522	—
Indre	292.868	3	—	97.622	—
Haute-Loire	316.735	4	—	79.184	—
Haute-Savoie	268.267	4	—	67.067	—
Lot	253.885	4	—	63.471	—
Meurthe-et-Moselle	444.150	7	—	63.450	—
Ariège	227.491	4	—	56.873	—
Corrèze	328.119	6	—	54.686	—
Cher	359.276	7	—	51.325	—
Nièvre	343.581	7	—	49.083	—
Meuse	292.253	7	—	41.750	—
Lozère	135.527	5	—	27.105	—

centres, vient des garnisons nombreuses dont ils sont pourvus. Un fait même tout à fait digne de remarque, dans ces villes pourvues de nombreuses garnisons, c'est que les domestiques ne font presque aucun dépôt à la Caisse d'épargne. L'explication en est dans le goût prononcé qu'ont les filles de service pour les jeunes soldats, à l'entretien desquels vont leurs économies. La statistique criminelle nous révèle par là même pourquoi les autres départements ont si peu de vols domestiques, comparativement à ceux dont nous venons de parler. En effet, ces départements sont des pays agricoles et de montagnes, où les garnisons sont rares, et ils se distinguent précisément par leur pauvreté, et l'absence de villes manufacturières et industrielles. »

2. — *Abus de confiance.*

Le Code pénal, qui distinguait le vol simple du vol domestique, ne faisait pas, du moins avant la loi réformatrice du 28 avril 1832, la même distinction en ce qui concernait l'abus de confiance.

Avant 1832, cependant, la jurisprudence, confondant l'abus de confiance avec le vol domestique, décidait que le fait d'un domestique de détourner des sommes que celui-ci avait été chargé d'aller porter ou recevoir au nom de son maître constituait un vol domestique. C'était à tort, car autre chose était le détournement d'un objet confié, autre chose une soustraction frauduleuse.

La pénalité aujourd'hui est la même dans les deux hypothèses, la loi de 1832 ayant modifié l'article 40 : « si l'abus de confiance a été commis par un domestique, la peine sera celle de la réclusion ».

Ici comme pour le vol, l'aggravation pénale se conçoit. Elle se justifie par les relations quotidiennes qui existent entre le maître et son domestique, et par la grande facilité qu'ont les domestiques de commettre des infidélités au préjudice des personnes qu'ils servent. Aussi la pénalité est-elle la même.

Il y a toutefois cette différence avec le vol, mais cela s'explique logiquement par les éléments constitutifs de l'abus de confiance, que l'abus de confiance n'est une cause aggravante que lorsqu'il est commis au préjudice du maître, et non au préjudice des personnes qui habitaient chez lui ou chez qui le domestique l'accompagnait. L'abus de confiance supposant le détournement ou la dissipation d'une chose confiée en vertu d'un des contrats énumérés par l'article 408, c'est-à-dire en vertu d'un louage, d'un dépôt, d'un mandat, d'un nantissement ou d'un prêt à usage, ne peut se concevoir que commis au préjudice de celui qui a remis cette chose, ou au nom de qui cette chose a été confiée. Et il est nécessaire, pour qu'il y ait lieu à aggravation pénale, que la soustraction ait été commise au préjudice du maître.

3. — *Attentats aux mœurs.*

Si ce crime est odieux de la part de toute personne, il revêt une gravité particulière quand il émane d'un domestique, investi de la confiance de son maître, et à qui ses rapports quotidiens et la situation qu'il occupe dans la maison, devaient imposer une plus grande retenue.

A Rome, il n'est guère besoin de le dire, l'esclave coupable d'attentats aux mœurs était puni de la peine de mort. Dans notre ancien Droit, le domestique reconnu coupable de séduction encourait la peine de la pendaison.

L'article 333 du Code pénal (1) punit le domestique de la peine des travaux forcés à temps, s'il est convaincu d'attentat à la pudeur commis sur la personne d'un enfant âgé de moins de treize ans, et des travaux forcés à perpétuité en cas de viol, quel que soit, dans

(1) Article 333 : « Si les coupables sont les ascendants de la personne sur laquelle a été commis l'attentat, s'ils sont de la classe de ceux qui ont autorité sur elle, s'ils sont ses instituteurs ou ses *serviteurs à gages, ou serviteurs à gages des personnes ci-dessus désignées*, ... la peine sera celle des travaux forcés à temps, dans le cas prévu par le paragraphe 1er de l'article 331, et des travaux forcés à perpétuité, dans les cas prévus par l'article précédent. »

ce dernier cas, l'âge de la victime. Pour toute autre personne, la peine encourue aurait été la réclusion dans la première hypothèse, et les travaux forcés à temps dans la seconde.

Cet article a été modifié par la loi du 28 avril 1832. L'ancien article, en effet, se bornait à dire : « La peine sera celle des travaux forcés à perpétuité... si les coupables sont des serviteurs à gages de la personne envers laquelle a été commis l'attentat », et l'on se demandait si le domestique devait être considéré, pour l'application de cette aggravation, comme le serviteur à gages non seulement du chef de la famille qui l'avait engagé, mais aussi des autres personnes le composant. La Cour de cassation (1) avait admis, avec raison, l'affirmative, en cassant un arrêt de la Cour d'assises de la Loire, qui avait refusé d'appliquer l'ancien article 333 à un domestique coupable d'attentats à la pudeur commis sur la personne de la femme et des enfants de son maître, disant fort justement « que celui qui est reçu dans une maison en qualité de serviteur à gages, doit être considéré comme ayant cette qualité, non seulement à l'égard du chef de la maison, mais aussi à l'égard de ses femme et enfants demeurant avec lui ».

Pour mettre fin à ces incertitudes, la loi du 28 avril

(1) Cass., 6 sept. 1821. B. cr. n° 147.

1832 a modifié l'article 332 en ce sens : l'aggravation de peine frappe le domestique non seulement lorsqu'il est le serviteur à gages de la personne violée, mais aussi lorsqu'il est le serviteur des ascendants de celle-ci ou de ceux qui ont autorité sur elle.

Il en résulte que l'attentat à la pudeur commis par un domestique sur une domestique employée dans la même maison est passible de l'aggravation de peine, comme la Cour de cassation l'a jugé (1), la qualité de domestique dans la même maison que le coupable n'étant pas un obstacle à cette application ; car il suffit que le domestique ait commis le crime sur une personne soumise à l'autorité des individus, dans la maison desquels elle était placée comme domestique, pour qu'il soit devenu passible de l'aggravation de peine. En effet, la loi a voulu frapper d'une peine plus forte l'auteur d'un attentat à la pudeur sur l'une des personnes qui sont protégées par l'autorité du chef de famille, pour avoir ainsi porté le désordre dans la maison ou il a été admis.

Mais, il faut bien le reconnaître, la loi eût été fort incomplète, si, se bornant à punir plus sévèrement les crimes commis par les domestiques sur la personne de leurs maîtres, elle ne punissait pas plus sévèrement les crimes commis par les maîtres sur

(1) Cass., 2 août 1878. S. 79, 1, 44.

la personne de leurs domestiques. Certains auteurs ont pensé qu'il n'y avait pas lieu à aggravation de peine quand le crime était commis par le maître sur le domestique (1). Mais il nous semble que faire ce reproche au législateur serait mal fondé, et que les termes généraux de l'article 333 autorisent la solution contraire. Il nous dit que la peine sera aggravée, si les coupables sont de la classe des personnes « *ayant autorité sur les victimes* ». Il n'est pas nécessaire, croyons-nous, que ces personnes aient une *autorité légale* pour que l'aggravation soit encourue ; une simple autorité morale peut suffire. La raison de l'aggravation existe dès que le coupable, investi d'une puissance *quelconque* sur la victime, s'en est servi pour commettre son crime, car c'est par l'abus de cette puissance que le crime a pu être commis. Le maître serait donc passible de l'aggravation pénale.

§ 3. — **Droit public.**

1. — *Incapacité d'être juré.*

Signalons une déchéance portée contre les domestiques, dans les lois relatives à la formation du jury

(1) En ce sens, Cass. 26 déc. 1823. Dalloz. Repº mot attentat, nº 109.

criminel. Aux termes de l'article 4 de la loi du 21 novembre 1872, « ne peuvent être jurés les domestiques et serviteurs à gages ». Cette exclusion, qui existait déjà sous la loi antérieure du 4 juin 1853, a son origine dans le décret du 7 août 1848.

Avant 1848, point n'était besoin de prohibition spéciale. La faculté de remplir les fonctions de juré était jusqu'alors considérée comme le corollaire de la jouissance du droit électoral ; les domestiques, par conséquent, se trouvaient implicitement être exclus du jury. Mais depuis, dans les lois successives de 1853 et de 1872, une autre théorie a prévalu : l'admissibilité aux fonctions de juré n'est un droit pour personne ; pour bien remplir ce rôle, il faut des conditions personnelles de capacité et de caractère qu'on ne peut apprécier qu'individuellement.

A la vérité, le premier système, mauvais en théorie, n'avait pas en pratique de graves conséquences, l'électorat, jusqu'au décret du 5 mars 1848, n'étant pas universel, mais étant uniquement réservé aux plus capables. Mais avec le décret du Gouvernement provisoire, établissant le suffrage universel sans condition de cens, il devenait nécessaire d'écarter absolument, en pratique, le système qui faisait du droit d'être juré une conséquence du droit électoral.

Il est plus facile de contribuer par son vote au fonctionnement de la chose publique, que de débrouiller les intentions coupables d'un accusé. Le bon sens pratique, quand il n'est pas détourné par les passions, suffit à la rigueur pour remplir le premier rôle. Une certaine instruction au contraire doit être exigée pour jouer le rôle de juge, et cela dans l'intérêt de la justice elle-même ; une indépendance absolue est nécessaire. C'est pourquoi le législateur déclare incapables d'être jurés ceux qui ne savent ni lire ni écrire. Voilà pourquoi les domestiques ne peuvent être jurés, bien qu'ils jouissent du droit électoral.

Remarquons bien les termes de la loi. Elle ne dit pas, comme pour les condamnés à une peine afflictive ou infamante : les domestiques *sont incapables d'être jurés ;* elle dit simplement : « ne peuvent être jurés, les domestiques et serviteurs à gages. » Ce n'est donc pas à proprement parler une incapacité qui les frappe, mais seulement une interdiction momentanée qui cessera avec leur qualité de domestique.

Il ne faut donc pas se méprendre sur l'esprit qui a dicté cette exclusion. Comme le disait fort bien le ministre de la Justice dans une circulaire du 10 septembre 1848 : « Elle n'implique ni dédain, ni mépris ; elle prend sa source au contraire dans une idée élevée et morale ; l'inaptitude qui est attachée à cette situation est fondée en effet sur ce que le juré doit jouir d'une entière indépendance, et être à l'abri de toute espèce d'influence. Il suit de là qu'elle s'applique à la fois aux domestiques attachés au service de la personne, et à ceux attachés au service de la maison. Les uns et les autres n'ont pas une indépendance assez complète pour exercer les fonctions de juré. »

Le motif que donne le ministre de la Justice de l'exclusion des domestiques est donc uniquement fondé sur leur état de dépendance. Mais est-il vraisemblable et serait-il vraiment fréquent en pratique, de voir les maîtres dicter aux domestiques les solutions qu'ils ne doivent demander qu'à leur conscience ! Le commis, capable, lui, d'être juré, n'est-il pas tout aussi dépendant de son patron que le domestique ne l'est de son maître ? La décision de la loi ne se justifierait-elle pas plutôt par le peu d'instruction qu'ont en général les domestiques ? Ce motif expliquerait bien mieux, selon nous, la défaveur que la loi attache à leur jugement.

2. — *Incapacité de faire partie d'un Conseil municipal.*

Nous disions tout à l'heure que le domestique, depuis le décret de 1848, jouissait intégralement du droit électoral. Il est donc électeur ; mais est-il éligible? Signalons en terminant une nouvelle incapacité spéciale aux domestiques. Elle résulte de l'art. 32 de la loi du 5 avril 1884 sur l'organisation municipale. Les domestiques « exclusivement attachés à la personne » sont incapables, d'après cette loi, de faire partie d'un Conseil municipal. Le motif qu'on en peut donner, c'est que la loi exclut du Conseil municipal « ceux qui sont dispensés de subvenir aux charges communales » ; les domestiques rentreront presque toujours dans cette catégorie. S'il en était autrement, la loi présume que le peu de ressources qu'ont les domestiques ne les ferait contribuer que fort peu aux charges communales. Et elle veut que ceux-là seuls puissent gérer les intérêts collectifs, qui pourraient, en cas de mauvaise gestion, en subir la conséquence sur leur fortune personnelle.

CHAPITRE III

FIN DU CONTRAT DE LOUAGE DE DOMESTIQUES.

Le contrat de louage de domestiques, nous l'avons vu, est un contrat essentiellement temporaire ; l'article 1780 prohibe les engagements à vie. Le domestique ne peut s'engager à servir son maître pendant toute la durée de son existence. Mais le maître, lui, peut s'engager à conserver à perpétuité un domestique, car il n'y a pas là, à proprement parler, atteinte à la liberté de la personne, une convention de cette nature n'étant en définitive autre chose qu'une convention de *dare*.

Diverses causes mettent fin au contrat de louage de domestiques. Sur ce point, comme sur beaucoup d'autres concernant notre matière, les dispositions du Code sont fort incomplètes. Nous devrons y suppléer à l'aide des principes généraux du droit.

§ 1er. — Causes qui mettent fin au contrat.

Quelles sont les causes qui mettent fin au contrat? Les plus importantes sont : la mort de l'une des parties, l'inexécution des obligations, l'arrivée du terme, s'il en a été stipulé un, le congé régulièrement donné en cas de louage à durée indéterminée.

En premier lieu, la mort de l'une des parties. Quand la mort a frappé le domestique, le contrat cesse dans tous les cas, car c'était en considération de ses aptitudes personnelles que le maître l'avait accepté. Au contraire, quand c'est le maître qui est mort, M. Colmet de Santerre (1) propose une distinction. Il distingue deux hypothèses, suivant que la durée du louage est fixée d'après l'usage ou d'après la convention. Dans la première hypothèse, le contrat continuerait avec les héritiers. La durée du contrat, en effet, est courte, et on se trouve en présence d'une époque uniforme pour le commencement et la fin du contrat. Si l'on déclarait l'engagement rompu, ce serait laisser le domestique sans place jusqu'à l'époque fixée par l'usage pour le renouvellement des contrats de louage de services.

(1) *Droit civil*, t. VII, no 231 bis, IV et V.

Or, cette non-activité nuirait plus au domestique que le paiement des gages pendant le temps qui resterait à courir, somme modique, ne nuirait aux héritiers.

Si, au contraire, la durée du contrat est fixée par la convention, il faut encore sous-distinguer : les services sont-ils personnels, tels ceux d'un domestique dont l'unique fonction serait de s'occuper d'un maître malade, le contrat serait rompu. Les services sont-ils impersonnels en ce sens qu'ils profitent à la collectivité de la famille, par exemple ceux d'un jardinier ou d'un cuisinier, le contrat subsisterait avec les héritiers, à moins toutefois que ceux-ci ne prouvassent qu'ils n'étaient entrés au service du maitre qu'en considérations de ses qualités personnelles. Ces mêmes distinctions s'appliqueraient dens l'hypothèse où le maître serait appelé à satisfaire aux obligations de la loi militaire.

Ces distinctions entre le cas où la durée du louage est fixée par l'usage et celui où elle est fixée par la convention nous paraissent assez arbitraires. Quelles que soient les considérations d'humanité, il n'en est pas moins vrai que les gages ne sont dûs au domestique qu'en échange des services qu'il doit rendre. Or, si ces services sont inutiles à l'héritier, avec le système de M. Colmet de Santerre, l'héritier se trouverait dans la nécessité de payer des gages pour des services qui ne lui profiteraient pas, peut-être même de se gêner pour loger et conserver un domestique qui ne saurait lui être d'aucune utilité. Ne vaudrait-il pas mieux considérer le contrat rompu, et s'en rapporter à la générosité de l'héritier pour récompenser les services d'un bon et loyal serviteur?

Le contrat devrait aussi, dans la rigueur du droit, prendre fin quand la maladie ou l'âge rendraient le domestique incapable de s'acquitter de sa fonction. Les gages ne sont plus dûs quand les services ne peuvent être rendus, mais c'est un cas de force majeure qui ne donnerait pas lieu à des dommages-intérêts (1). Il y a certes là une iniquité, pour le cas où le maître aurait été loyalement servi pendant de longues années par le domestique. Bien peu profiteront assurément de cette faculté; mais n'est-ce pas déjà trop qu'ils puissent légalement user de cette rigueur?

Le contrat prendra fin également quand l'une des parties n'exécutera pas les obligations que le louage de services lui impose : « La condition résolutoire est toujours sous-entendue dans les contrats synallagmatiques, pour le cas où l'une des parties ne satisfera point à son engagement » (art. 1184).

(1) Jugement du 4 sept. 1979. *Bulletin des décisions des j. de p.*, 1879, p. 296.

Ainsi, le maître peut congédier le domestique qui manquerait gravement à ses devoirs, sans attendre l'expiration du terme fixé, si l'engagement est à durée déterminée, ou sans être tenu d'observer les délais de congé si l'engagement est à durée indéterminée (1).

Bien des causes autorisent le maître à renvoyer de suite son domestique, si, par exemple, il est ivrogne, insolent ou infidèle. Mais la faute doit être d'une certaine gravité pour autoriser le renvoi immédiat sans congé : ainsi la maladresse, la paresse même du domestique ne nous sembleraient pas suffisantes pour légitimer cette rigueur (2). Quant à la question de savoir si le maître doit être cru sur son affirma-

(1) Pont-à-Mousson, 15 janvier 1887, *Bulletin des décisions des juges de paix*, 1888, page 165.

(2) La Cour de cassation a jugé le 26 février 1895 qu'un maître pourrait, sans commettre une faute, renvoyer avant l'époque fixée une domestique engagée pour un temps déterminé, dans le cas où, par son attitude et notamment par son refus de relever du secret professionnel le médecin qu'elle était allée consulter sur l'invitation de son maître, elle a autorisé celui-ci à la considérer comme étant en état de grossesse (D, 96, 1, 158).

Le tribunal civil de Saint-Affrique avait jugé dans le même sens que le juge de paix et que la Cour suprême. « Attendu qu'à aucun point de vue on ne saurait considérer un maître comme tenu de garder à son service une fille enceinte, soit que l'on envisage l'immoralité de la conduite, le mauvais exemple dans la maison, la gêne dans le travail ou les graves inconvénients résultant de l'accouchement. »

tion concernant les griefs qu'il prétend avoir contre son domestique, nous pensons que cela doit être laissé à la sagesse du juge qui se déterminera d'après les circonstances de la cause et la bonne réputation du maître.

Le domestique, lui aussi, peut de son côté rompre immédiatement le contrat, s'il a des motifs graves de le faire, si le maître, par exemple, s'était rendu coupable envers lui d'injures grossières ou de sévices, ou s'il le laissait manquer du nécessaire. Il en serait de même si le maître tentait de corrompre une femme à son service.

Hors le cas où il y aura de justes sujets de plainte, les parties ne peuvent réciproquement se dédire avant l'expiration du terme convenu, si le louage est à durée déterminée, ou, sans observer les délais de congé, s'il est à durée indéterminée, sinon il y aurait lieu à des dommages-intérêts.

Lorsque le bail sera à durée déterminée, son mode normal d'extinction sera l'arrivée du terme. Nous supposons que la stipulation relative à sa durée n'est pas contraire à l'article 1781, sinon la résolution du contrat pourrait être prononcée de suite. La durée du contrat peut être fixée soit par la nature du travail à entreprendre, soit par la convention, soit par l'usage des lieux. Dans les campagnes, la durée du louage est ordinairement d'une année (1) ; dans les villes il n'est que d'un mois. Les parties sont tenues de respecter cette convention qui fait loi entre elles, et qui ne pourrait être révoquée que par leur mutuel assentiment.

Si, une fois le terme arrivé, les parties continuaient à exécuter le contrat primitif, il y aurait lieu alors à *tacite reconduction*, par analogie avec ce qui se passe pour les baux de maison. Le nouvel engagement ne serait pas contracté pour une durée identique à celle de l'ancien contrat ; mais ce serait un contrat à durée indéterminée, qui finirait lorsque l'une des parties en manifesterait la volonté, en observant toutefois les délais de congé.

C'est en effet la règle, quand le contrat est à durée indéterminée — il en sera presque toujours ainsi pour les domestiques dans les villes — que celui qui veut y mettre fin prévienne de son intention son cocontractant quelque temps à l'avance (2). Quand aucun terme n'a été stipulé, le contrat dure indéfini-

(1) En 1567, les serviteurs étaient tenus, suivant un arrêt du conseil du roi, à servir une année, sous peine d'amende de 20 livres parisis. Cette obligation, qui n'a pas été maintenue par nos lois, explique pourquoi dans certaines campagnes. on a conservé lh'abitude de louer les domestiques à l'année.

(2) *Bulletin des décisions des juges de paix*, 1881, p. 85, jugement du 2 nov. 1880.

ment, mais chaque partie a le droit de le résilier quand bon lui semblera. On présume que les parties ont voulu contracter sous cette condition tacite. Cette dérogation à l'article 1134 du Code civil, d'après lequel les conventions ne peuvent être révoquées que du consentement mutuel des parties, se justifie, en outre, par le caractère essentiellement temporaire du contrat. Sinon, le refus de résilier de la part de l'une des parties pourrait en prolonger indéfiniment la durée, et il en résulterait un engagement perpétuel, prohibé par l'article 1780. Mais l'usage exige qu'un *congé* soit donné, afin que l'un puisse trouver une autre place, et l'autre un nouveau domestique (1).

Ce congé se donne verbalement; il est obligatoire quand même le domestique ne serait que depuis quelques heures au service de son maître.

Ce droit de résilier le contrat est réciproque. Pothier (2) ne l'entendait pas ainsi : « à l'égard des serviteurs qui louent leurs services aux bourgeois des villes, ou même à la campagne, aux gentilshommes, pour le service de la personne du maître; quoiqu'ils les louent à raison de tant par an, ils sont censés néanmoins ne les louer que pour le temps qu'il

(1) Une ordonnance de police en date du 6 novembre 1778 semble avoir établi, pour les maîtres et les domestiques, l'obligation réciproque de s'accorder un délai de huit jours avant de se séparer.

(2) *Louage*, n° 176.

plaira au maître de les avoir à son service. C'est pourquoi le maître peut les renvoyer quand bon lui semble et sans en dire la raison, en leur payant leur service jusqu'au jour où il les renvoie. Mais il ne leur est pas permis de quitter le service du maître sans son congé, et ils doivent être condamnés à retourner jusqu'au jour du prochain terme auquel il est d'usage, dans le lieu, de louer les serviteurs, ou seulement jusqu'à ce que le maître ait le temps de se pourvoir d'un autre serviteur, lequel temps est limité par le juge ». Cette doctrine serait peu conforme aujourd'hui aux idées démocratiques ; elle est d'ailleurs contraire à l'équité ; aussi n'est-elle plus suivie aujourd'hui. La nouvelle loi du 27 décembre 1890 le dit expressément : « Le louage de services fait sans détermination de durée peut toujours cesser par la volonté d'une des parties contractantes ».

Quel sera le délai de ce congé ? Il variera suivant les lieux et suivant les usages ; tantôt il sera d'un mois, tantôt de quinze jours, presque partout, dans les villes, de huitaine, sept jours pleins, soit du samedi à midi au samedi suivant midi. Dans quelques endroits même, le congé n'est pas exigé ; une fois l'année expirée, les parties sont respectivement dégagées. Le délai de congé varie aussi suivant la nature des services qu'est chargé de rendre le domestique. Ainsi le délai de huit jours nous paraît insuffisant pour le congé du concierge ou du jardinier ; d'abord, ces places se trouvent moins aisément que celles de valet de chambre ou de cocher; puis, ces personnes, ordinairement, possèdent un petit mobilier, et le délai de huit jours paraît insuffisant.

Le Tribunal de la Seine cependant, par jugement du 18 octobre 1879, décida qu'il n'y avait pas lieu de faire une distinction entre les jardiniers et les autres domestiques; que le délai de huit jours reconnu par l'usage s'appliquait aux uns et aux autres. Mais récemment, le 6 janvier 1891, le Tribunal de Versailles jugea en notre sens et décida que, pour le jardinier, le délai de congé devait être d'un mois (1).

Le maître qui, après avoir engagé un domestique, se refuse de le laisser entrer au jour convenu et sans l'en avoir prévenu huit jours à l'avance, lui doit néanmoins une indemnité de congé représentant, à Paris, huit jours de gages mensuels. Si le délai du

(1) « Le Tribunal, attendu que le jardinier ne peut être rangé dans la catégorie des gens de service qui ont droit, pour indemnité, au salaire de huit jours; qu'en effet, il est engagé pour un travail spécial, qui exige un apprentissage assez long et des connaissances particulières ; que les places de jardinier sont moins nombreuses que celles de domestique attaché à la personne ou à la maison ; qu'habituellement le jardinier a une famille, des meubles qui lui appartiennent ; que son déplacement est plus difficile et plus onéreux ; attendu que le délai d'un mois fixé par le premier juge n'a rien d'excessif, eu égard aux circonstances... » (*Gaz. Pal.*, 91, 1, 228).

congé avait été observé en partie, le maître ne devrait d'indemnité que pour les jours qui manquent pour les compléter (1).

Au lieu d'invoquer le délai de congé fixé par l'usage, les parties pourraient invoquer un délai conventionnel stipulé expressément par elles. Mais alors ce sera à celui qui invoque un délai conventionnel de congé à en faire la preuve.

Mais les parties ne sont pas obligées de se supporter mutuellement pendant les délais de congé. Elles peuvent se quitter immédiatement, le maître peut exiger de suite le départ de son domestique en lui payant la valeur de ses huit jours de gages. D'après l'usage de Paris, il ne serait tenu à aucune indemnité pour la nourriture et pour le logement. De même le domestique pourrait quitter de son gré le maître immédiatement ; mais ce dernier serait fondé alors à lui retenir huit jours de gages.

Lorsque le domestique restera pendant ces huit

(1) « Attendu que d'après les usages de Paris, dit une décision du juge de paix du VIIe arrondissement le maître qui, sans en avoir prévenu le domestique huit jours à l'avance, se refuse de le laisser entrer au jour convenu, lui doit une indemnité représentant huit jours de ses gages mensuels ; attendu que, faisant à la cause l'application de ces usages, la veuve Obrecht ne peut être tenue de payer à Piénard que quatre jours de ses gages, puisque, pour quatre jours seulement, l'usage n'a pas été observé ». (*Gaz. Pal.*, 1891, 2, 706).

jours au service, l'usage veut que le maître lui accorde journellement quelques heures de liberté afin de chercher une nouvelle place (1).

Bien entendu, nous l'avons déjà dit, quand il y aura de graves sujets de plainte du côté de l'une ou de l'autre des parties, le congé ne sera pas obligatoire.

Enfin, le contrat peut prendre fin par suite d'un cas de force majeure. C'est ce qui arrivera lorsque le domestique devra satisfaire aux obligations de la loi militaire, ou qu'il encourera une peine privative de liberté.

§ 2. — Dommages-intérêts.

Toutes ces règles sont sanctionnées par la faculté, reconnue autrefois par l'usage et consacrée aujourd'hui par un texte formel, quand « le contrat a été résilié par la volonté de l'une des parties contractantes », de demander des dommages-intérêts à celui qui n'exécute pas le contrat conformément à la loi ou aux usages, quand du moins cette inexécution lui cause un préjudice.

Pour qu'il y ait lieu à dommages-intérêts, il faut que la résiliation du contrat ait lieu dans des cir-

(1) Le maître à le droit d'exiger du domestique, avant son départ, un nettoyage complet de l'appartement.

constances irrégulières. Nous avons vu ces circonstances en étudiant les causes qui mettaient fin au contrat de louage de domestiques. Rappelons-les brièvement ; quand l'une des parties n'exécute pas ses obligations ; quand le congé n'a pas été donné suivant l'usage des lieux, ou les indications de la convention ; quand le maitre renvoie le domestique, ou quand le domestique quitte son maitre avant l'expiration du temps convenu, excepté le cas de faute grave et de force majeure. C'est cette dernière hypothèse que prévoit le nouvel article 1780, complété par la loi du 27 décembre 1890 : « La résiliation du contrat, par la volonté d'un seul des contractants, peut donner lieu à des dommages-intérêts. »

Si le domestique a été mis en prison, ou s'il est obligé de fuir pour éviter un mandat d'arrêt lancé contre lui, la distinction que fait Pothier nous semble très juste. Si le domestique a été déclaré coupable du délit, c'est alors par son fait personnel qu'il a été obligé d'abandonner le service de son maître, et si celui-ci a souffert un préjudice, il a droit à des dommages-intérêts. Mais si le domestique a été absous, ou s'il y a ordonnance de non-lieu, la cause de la rupture du contrat doit être considérée comme un cas de force majeure, n'entrainant aucuns dommages-intérêts.

En un mot, nous pensons que chaque fois que le

domestique aura rompu ses engagements, des dommages-intérêts seront dûs lorsque ce sera de son propre chef et par sa faute que le contrat aura été brisé. Ainsi, assurément, le domestique qui quitterait son maître sans sujet légitime, par paresse ou dans l'espoir de gagner ailleurs des gages plus élevés, encourerait des dommages-intérêts. Il en serait de même, du moment que ce serait par son fait que le contrat serait brisé, quelque louable que soit le motif qui l'ait poussé à rompre.

Ainsi, l'enrôlement volontaire dans l'armée de la part du domestique donne lieu à des dommages-intérêts : « Quelque favorable que soit le service de l'État, dit Pothier (1), je crois que le serviteur qui quitte avant le temps le service de son maître pour s'enrôler volontairement dans les troupes, est tenu de dommages-intérêts envers son maître. Il en est autrement du cas où le serviteur serait tombé à la milice : c'est, en ce cas, par une force majeure qu'il n'achève pas le temps de son service ; c'est pourquoi il ne doit point à son maître de dommages-intérêts ». En effet, dans ce dernier cas, ce n'est pas son fait, mais par la volonté de la loi que le domestique quitte son maître ; c'est un cas de force majeure qui ne peut donner lieu à des dommages-intérêts.

(1) *Du louage*, nº 171.

Il en serait de même, si le domestique quittait son maître pour se marier. Avant de contracter de nouveaux engagements, le domestique doit commencer par respecter ceux qu'il a déjà contractés. Il est libre de différer son mariage jusqu'à l'exécution entière de son engagement. D'ailleurs, le mariage, même consommé, n'est pas un obstacle absolu à ce qu'il continue ses services (1).

Seulement, dans ces hypothèses, la rupture du contrat n'étant pas fondée sur une idée de faute, le juge devrait arbitrer les dommages-intérêts d'une façon très modérée.

M. Duranton n'est pas de notre avis : « Quant au cas d'enrôlement volontaire, écrit-il, il nous semble qu'il serait bien difficile aujourd'hui de faire condamner le domestique à des dommages-intérêts, puisqu'il est permis *favore militiæ*, à un fils âgé de 18 ans révolus, de quitter la maison paternelle pour cette cause, sans le consentement de son père (article 374) ; car comment un simple contrat de louage de services serait-il considéré comme plus fort que la puissance paternelle elle-même ? Et le mariage étant également très favorable, il ne devrait pas y avoir lieu, suivant nous, à condamner un domestique à des dommages-intérêts envers son maître pour

(1) Jugement du 5 avril 1881, *Bulletin des juges de paix*, 1887, p. 7.

l'avoir quitté pour cette cause ; la crainte de les subir pourrait, dans beaucoup de cas, faire manquer le mariage contre le vœu de la loi : c'est là un motif légitime pour le domestique de quitter son service (1). » Mais cependant, le domestique ne s'est-il pas engagé à servir son maître à moins de cas de force majeure, et n'est-il pas lié par cet engagement? Il n'est tenu ni par la loi ni par sa conscience à s'engager volontairement ou à contracter mariage ! Où irait-on, si l'on suivait M. Duranton sur cette voie. Il faudrait alors admettre que tout contrat serait brisé pour ces motifs, car il n'y a pas lieu de traiter plus favorablement le contrat de louage de domestiques. Ainsi un entrepreneur s'engagerait à construire une maison et n'exécuterait pas son engagement sous prétexte qu'il va se marier. Et il ne devrait pas de dommages-intérêts ! Est-ce vraiment admissible? La société ne repose-t-elle pas sur la stabilité des contrats?

Mais où nous sommes de l'avis de M. Duranton, et d'un avis contraire à celui de Pothier, c'est lorsque le domestique quittera son maître pour aller soigner ses père et mère qui seraient devenus infirmes, et qui auraient besoin de son assistance, ou bien si le père du domestique était venu à mourir,

(1) Duranton. *Droit français*, t. 17, n° 252.

laissant une veuve infirme et des enfants en bas-âge qui ne pourraient cultiver le petit bien qu'il leur a laissé. C'est un sentiment fort louable qu'il faut encourager ; ce qu'on peut faire, puisque la rupture du contrat tient dans une certaine mesure du cas de force majeure, qu'elle n'est pas en tout cas le fait du domestique, ne dépend en rien de sa propre volonté. On ne doit pas alors le faire hésiter entre deux intérêts contraires : celui de sa conscience et celui de ses intérêts pécuniaires.

Ce droit à des dommages-intérêts a été reconnu, nous l'avons déjà dit, expressément, par la loi du 27 décembre 1890. C'est une loi générale, s'appliquant à tous ceux qui louent leurs services, bien qu'au début elle ne devait concerner que les employés de chemin de fer.

Toutefois, le paragraphe 2 qui consacre ce droit à des dommages-intérêts n'est pas sans soulever quelques difficultés. Le texte est si peu clair, que pour certaines catégories de travailleurs, la jurisprudence ne s'est pas encore fixée sur le point de savoir si la rupture du contrat à durée indéterminée, toutes les conditions de congé et autres étant d'ailleurs remplies, pourrait donner lieu à une indemnité quand il aurait été effectué sans motif légitime.

Avant la loi de 1890 il y avait controverse sur ce point entre les Cours d'appel et la Cour de cassation.

Les Cours d'appel, en général, accordaient des dommages-intérêts aux employés congédiés de mauvaise foi et à contre-temps. Certains arrêts se basent pour légitimer ce droit à une indemnité sur l'article 1135 qui oblige à toutes les suites que l'équité donne à l'obligation. Ainsi un arrêt de la Cour de Chambéry (1) donne une indemnité à un employé de chemin de fer, se basant uniquement sur l' « absence de motifs légitimes (2). » Cette jurisprudence a persisté depuis la loi nouvelle (3). La Cour de cassation, au contraire, avait toujours repoussé cette doctrine, nul n'étant en faute d'user strictement de son droit (4).

La question ne s'était pas, en pratique, posée pour les renvois de domestiques ; mais elle pourrait se présenter. Il nous semble qu'alors, le juge ne pourrait pas, en l'absence de faute de la partie qui résilie le contrat, la condamner à des dommages-intérêts sous prétexte qu'elle a congédié sans motifs son domestique. Le principe, en effet, est que le louage à durée indéterminée peut toujours cesser par la volonté de l'une des parties contractantes, à condition d'observer les délais de congé, et les autres conditions

(1) Chambéry, 5 février 1872. S. 72, 1, 132.

(2) V. également Paris, 12 février 1858. D, 58, 2, 215. — Lyon, 26 novembre 1867. S. 68, 2, 233.

(3) Rouen, 25 décembre 1894. D. 95, 2, 228.

(4) Cassation, 5 février 1872. S. 72, 1, 132. — Cassation, 17 mai 1887. S. 87, 1. 378.

qui auraient pu être stipulées expressément. Or le fait d'user de son droit strict ne peut donner lieu à des dommages-intérêts.

Si, au contraire, les règles relatives au congé et autres n'ont pas été observées, il y aura lieu à dommages-intérêts. Comment seront-ils arbitrés ? Pas de difficultés si le contrat prévoit le cas de résiliation du contrat, et fixe l'indemnité à payer. Le juge se borne alors à appliquer la loi du contrat, sauf, nous l'avons déjà dit, si cette indemnité était si élevée qu'elle aboutirait en fait à lier le domestique à perpétuité, contre la volonté de la loi, ou si au contraire, l'indemnité était tellement faible qu'elle serait un abandon déguisé du droit à l'indeminté ; car ce serait alors une convention contraire à la loi, nulle par conséquent comme ayant un but frauduleux.

En dehors de ce cas qui ne ferait pas de difficultés, la loi nouvelle dit : « Dans la fixation de l'indemnité à allouer, le cas échéant, il est tenu compte des usages, de la nature des services engagés, du temps écoulé... et en général de toutes les circonstances qui peuvent justifier l'existence et déterminer l'étendue du préjudice causé. » Le législateur s'est montré fort sage en donnant aux tribunaux les plus larges pouvoirs d'appréciation. Il y a là évidemment une grande place aux questions de fait (1) ; mais on

(1) Jugement du 5 avril 1892. *Bulletin des j. de p.* 1892, p. 307.

peut cependant fixer quelques règles générales.

Si le maître renvoie le domestique sans motif, avant l'expiration du terme fixé, l'indemnité qui lui sera due sera égale aux gages normaux qu'il aurait reçus pendant le temps qu'il est resté sans place, alors que de son côté il aura prouvé qu'il aura fait toutes les diligences nécessaires pour trouver une place.

Si c'est au contraire le domestique qui quitte son maître, dans la même hypothèse, il lui devra une indemnité égale au préjudice réel causé par la rupture du contrat, et qui peut avoir eu pour conséquence soit un trouble dans le train de vie du maître, soit un surcroît de dépense.

Lorsque le contrat sera à durée indéterminée, les dommages-intérêts ne seront pas, en principe, dûs quand le délai du congé aura été observé, sauf si le maître se refusait à ouvrir à un domestique les portes de sa maison ; il pourrait alors être condamné à réparer le préjudice moral qu'a pu causer au domestique ce refus formel. Dans le même cas, si le contrat était à durée déterminée, le maître devrait être condamné à payer au domestique, en plus de l'indemnité ordinaire, les frais de publicité qu'il aurait déboursés pour trouver une place, et une somme en rapport avec le temps qu'il aurait consacré à chercher du travail.

Pour assurer l'exécution de la loi, le § 4 de l'article 1780 nouveau ajoute : « Les parties ne peuvent renoncer à l'avance au droit éventuel de demander des dommages-intérêts en vertu des dispositions ci-dessus ». Sinon cette clause fût devenue de style et la loi aurait été tournée. Mais ce qu'elle défend, c'est la renonciation complète à tous dommages-intérêts. Rien ne prohiberait la renonciation à des dommages-intérêts pour une cause de rupture déterminée.

Dans le cas où le domestique devrait des dommages-intérêts au maître, nous avons déjà dit que ce dernier pourrait en retenir le montant sur ce qu'il lui doit de gages.

Enfin, le § 5 de la loi nouvelle dit que les contestations relatives à ces indemnités seront portées devant les tribunaux civils et Cours d'appel, qui les instruiront comme affaires sommaires et les jugeront d'urgence. Mais cette disposition n'exclut pas la juridiction des juges de paix, qui sont toujours compétents, d'après la loi des 25 mai-6 juin 1838, pour juger sans appel jusqu'à la valeur de cent francs, et à charge d'appel à quelque valeur que la demande puisse s'élever « des contestations relatives aux engagements respectifs des maîtres et des domestiques ou gens de service à gages ».

§ 3. — Incidents à la sortie du domestique.

Le contrat est rompu ; les rapports réciproques qu'engendrait la domesticité ont cessé. Désormais, maîtres et domestiques seront déchargés de toute obligation les uns envers les autres.

Cependant, des contestations peuvent encore naître, et, en pratique, ce sera souvent à cette époque qu'elles seront les plus aigües, les deux parties croyant devoir réciproquement se plaindre de la conduite de l'autre à son égard.

C'est d'abord un domestique qui refuse à son maître de quitter la place. Celui-ci n'aura alors qu'à recourir à la force armée pour empêcher cette véritable violation de domicile, ce qui ne préjudiciera en rien à la décision du juge de paix qui devra statuer sur la prétention du domestique qui croirait avoir droit à des dommages-intérêts. Le domestique, pas plus que toute autre personne, ne doit se rendre justice à lui-même (1).

C'est ensuite un maître qui, indigné de la conduite de son domestique, l'accuse publiquement de ses défauts et crie à qui veut l'entendre que son domes-

(1) Vienne, 15 février 1879. *Bulletin des décisions des juges de paix*, 1879, page 165.

tique est un voleur. Lui aussi est alors dans son tort. En effet, de deux choses l'une, ou bien le domestique a réellement volé, et son devoir est alors d'en prévenir la justice répressive ; ou bien il n'a sur sa probité que de vagues soupçons, et alors il n'a pas le droit de l'accuser, sinon il se rend coupable à son égard et sera passible de dommages-intérêts que le juge devra arbitrer en prenant en considération le dommage que cette accusation a occasionné au domestique.

Si le maître a suivi la première voie, a porté plainte contre son domestique qu'il croyait coupable, mais n'a pu prouver son accusation, ce qui a eu comme résultat l'acquittement du domestique, celui-ci a-t-il droit à des dommages-intérêts ? Nous pensons que non si l'accusation a été lancée de très bonne foi, sans méchanceté de la part du maître, et si les soupçons paraissaient vraisemblables. Le maître a usé de son droit strict en prévenant la justice de ses soupçons. Mais si son accusation était imprudente, si elle reposait sur des inexactitudes dont la vérification était facile à faire, et à plus forte raison si elle avait été faite avec l'intention de nuire, alors le maître devrait des dommages-intérêts (1). C'est d'ailleurs le droit commun.

(1) M. Wyse, frère de Mme Ratazzi, se présentait, le 2 septembre 1872, au commissariat de police et y portait plainte contre la demoiselle Brun, femme de chambre de Mme Ratazzi, l'accusant

Pour se bien assurer que le domestique, en partant, n'emporte avec lui aucune chose appartenant au maître, ce dernier a-t-il le droit de visiter les malles de son domestique ? Nous pensons que non, car se serait souverainement outrageant pour le domestique, et un refus de sa part nous semblerait légitime. Si le maître a des soupçons sur la probité de son domestique, qu'il aille en prévenir le magistrat compétent, qui viendra alors assister à la visite.

d'avoir dérobé des bijoux appartenant à sa maîtresse. La demoiselle Brun fut arrêtée, et après six semaines de prévention, il y eut ordonnance de non-lieu.

La demoiselle Brun saisit le Tribunal de la Seine d'une demande en paiement de ses gages et de 10,000 francs pour le préjudice par elle éprouvé, à raison, disait-elle, de la dénonciation calomnieuse dont elle avait été l'objet.

« Le Tribunal, attendu que si les déclarations des défendeurs ne peuvent être considérées comme faites mensongèrement et avec le dessein prémédité de porter préjudice, il résulte des documents soumis au Tribunal qu'elles l'ont été tout au moins imprudemment, qu'il fut constant que l'inexactitude de quelques-uns des faits signalés aurait pu, dès ce moment, être facilement vérifiée par les plaignants, et qu'un pareil défaut de circonspection empruntait une gravité particulière à la situation respective des parties, et à l'autorité que le magistrat chargé d'apprécier la portée des déclarations par lui recueillies, devait nécessairement attacher à la parole de ceux qui les lui avaient faites...

« Condamne Wyse et la dame Ratazzi solidairement à lui payer la somme de 2,000 francs à titre de dommages-intérêts, et ce, avec les intérêts, à partir du jour de la demande. »

Seine, 31 mars 1875. *Gaz. Trib.*, 3 avril 1875.

Disons cependant que, dans quelques endroits, cette coutume existe, et alors le domestique ne pourrait se refuser à cet usage, étant censé l'avoir tacitement accepté.

De même, le maître ne pourrait retenir les effets du domestique en compensation des sommes que celui-ci lui doit. Il ne pourrait, conformément au droit commun, que produire sa demande en justice.

Si le maître fournit de mauvais renseignements sur le compte du domestique, et si ces renseignements sont calomnieux, des dommages-intérêts sont dûs. Il en serait ainsi quand ces mauvais renseignements seraient l'expression de la vérité, s'ils avaient été donnés ouvertement. Mais le domestique ne serait pas fondé à se plaindre, si les renseignements avaient été donnés confidentiellement et s'ils avaient été donnés de bonne foi, car la personne à qui l'on demande des renseignements commettrait une faute grave pouvant engager sa responsabilité civile, si elle ne faisait pas connaître l'entière vérité (1).

De son côté, la personne qui a demandé des renseignements et qui ensuite les livre au domestique commet une faute : La jurisprudence a fait bien des fois l'application de ce principe au sujet de lettres

(1) Jugement du 8 février 1893. *Bulletin des décisions du juge de paix*, année 1893.

missives contenant les renseignements et qui avaient été divulguées à l'insu de leur auteur (1).

A cette question des renseignements, se rattache la question des certificats. Le domestique, en quittant son maître, a-t-il droit à un certificat ?

On pouvait autrefois discuter la question. Aucun texte légal ne l'imposant, on pouvait soutenir, comme

(1) Le tribunal de la Seine l'a jugé ainsi le 1er juillet 1874.

Madame de la Rivière avait eu à son service les époux Guiard, durant une période de 20 mois environ. Au mois d'octobre 1872, elle les congédiait, et, sur leur demande, leur délivrait un certificat dans lequel elle déclarait que Guiard « avait toujours bien fait son service » et que sa femme s'était bien acquittée de ses fonctions.

Un an après, Madame de la Rivière recevait une lettre d'un M. X..., qui l'interrogeait sur la « moralité et la probité » de ces domestiques. Elle répondait qu'elle ne pouvait donner que de mauvais renseignements.

Quelques jours plus tard, les époux Guiard l'assignaient en paiement de 1,000 francs à titre de dommages-intérêts ; ils fondaient leur demande sur la lettre écrite en réponse à celle de M. X..., prétendant que Madame de la Rivière les avait ainsi empêchés de se replacer, et leur avait intentionnellement causé un préjudice en donnant sur leur compte de mauvais renseignements en octobre 1873, après leur avoir délivré un bon certificat en octobre 1872.

Madame de la Rivière répondait que l'action dirigée contre elle étant basée sur une lettre confidentielle, n'était point recevable, et que d'ailleurs il n'y avait aucune contradiction entre son certificat et sa lettre, le premier n'ayant trait qu'à la capacité des domestiques qu'elle avait congédiés, et la seconde à leur moralité et à leur probité.

Le tribunal a statué ainsi :

« Attendu que le préjudice prétendu n'est pas justifié ; qu'en l'avait fait la Cour de Chambéry (1), que le maître n'y était pas astreint, nul n'étant tenu de rendre témoignage en dehors des cas et des formes déterminées par la loi.

Cependant, la jurisprudence était en général fixée dans l'autre sens. Elle obligeait le maître à donner un certificat, car l'article 1135 oblige « à toutes les suites que l'usage ou la loi donnent à l'obligation d'après sa nature », et, il fallait bien le reconnaitre, cet usage était constant. Le maître, comme tout patron, devait donner un certificat énonçant la nature des services rendus, la date et l'entrée du domestique, et la déclaration qu'il sortait libre de tout engagement (2).

Cette jurisprudence se basant autrefois sur l'usage général, a été consacrée récemment par un texte formel. En effet la loi du 2 juillet 1890 dit expressément dans son article 3 : « Toute personne qui engage ses services, peut, à l'expiration du contrat,

« outre, le demandeur ne saurait être en droit de se prévaloir « d'une lettre confidentielle écrite à un tiers et qui, dès lors, ne « devait être sujette à aucune divulgation ;

« Par ces motifs,

« Déboute comme mal fondé, le sieur Guiard de sa demande et « le condamne aux dépens ». *(Le Droit*, 9 juillet 1874).

Dans le même sens, Seine, 10 novembre 1890. *Gaz. Pal.*, 90, II, 661.

(1) 21 juin 1878. S. 78, 2, 231.

(2) Trib. civ. Seine 1885, *Droit*, 25 sept. 1885

exiger de celui à qui il les a loués, sous peine de dommages et intérêts, un certificat contenant exclusivement la date de son entrée, celle de sa sortie et l'espèce de travail auquel elle a été employée. » Ainsi donc, ce certificat est maintenant obligatoire et il doit mentionner que le domestique est entré tel jour au service et en est sorti tel autre jour, et doit indiquer la nature des services qu'il rendait. Les maîtres n'ont pas le droit d'y mettre une mention défavorable, mais, bien entendu, ils peuvent y indiquer les qualités de leurs serviteurs.

D'après l'usage, la signature du maître n'a pas besoin d'être légalisée. Cependant il serait obligé de le faire, si le tiers auquel le domestique présentait le certificat contestait l'authenticité de la signature.

Le refus de cette formalité, ou le refus de donner un certificat donnerait lieu, au profit du domestique, à des dommages-intérêts, si celui-ci justifiait que faute de cela il n'a pu trouver une place.

Pour favoriser l'emploi de ces certificats, la loi de 1890 les exempte formellement de tout droit de timbre et d'enregistrement.

Malheureusement, il faut bien le reconnaître, le maître qui cherche un domestique ne doit donner qu'une confiance limitée à ces certificats. La plupart sont généralement des certificats de complaisance, quand ils n'ont pas du moins été fabriqués de toutes pièces.

Trop souvent le maître qui renvoie le domestique n'a pas le courage de lui refuser un bon certificat, n'ose même pas donner sur son compte les renseignements qu'il mérite, craignant des représailles de sa part. La calomnie est en effet une arme puissante qu'ont les domestiques pour se venger de leurs maîtres, quand ils ne préfèrent pas se livrer sur eux à des voies de fait.

On craint donc trop souvent son domestique. On n'ose rien lui refuser. Et cette funeste complaisance va permettre à d'autres personnes d'être lésées par lui. Celles-là auront-elles alors le droit de se retourner contre l'ancien maître, grâce au certificat duquel elles ont pris à leur service le domestique qui leur a causé du préjudice ? Il nous semble que oui, et que le tiers lésé pourrait lui réclamer, d'après le principe général de l'article 1382, des dommages-intérêts. Ne peut-on pas à bon droit le considérer comme coupable d'une sorte de complicité morale, et n'est-ce pas lui qui, en définitive, a ouvert les portes au voleur ?

CHAPITRE IV

PROCÉDURE DES CONTESTATIONS ENTRE MAITRES ET DOMESTIQUES.

Nous déterminerons dans ce dernier chapitre le tribunal compétent pour juger les difficultés entre maîtres et domestiques, et comment devra être administrée la preuve de ces difficultés.

§ 1. — Compétence du juge de paix.

Aux termes de l'article 5 de la loi du 25 mai-6 juin 1838, les juges de paix sont compétents pour trancher les difficultés qui peuvent surgir entre maîtres et domestiques, lorsqu'ils n'ont pu réussir dans le préliminaire de conciliation qu'ils ont dû tenter : « Les juges de paix, connaissent également, sans appel jusqu'à la valeur de cent francs, et à charge d'appel, à quelque valeur que la demande puisse s'élever... 3° des contestations relatives aux engagements respctifs des maîtres et des domestiques ou gens de service à gages ». L'appel est porté devant le tribunal civil de première instance qui le juge comme affaire sommaire (art. 404 C. proc. civ.).

Conformément au droit commun, le juge de paix compétent sera celui du domicile du défendeur — et ce sera presque toujours celui du domicile du maître, le domestique étant légalement domicilié chez lui, quand il remplit certaines conditions dont nous avons déjà parlé.

Mais le juge de paix ne connait des différends qui surgissent entre maitres et domestiques, qu'autant qu'ils sont relatifs aux rapports de domesticité ; telle, par exemple, une demande en dommages-intérêts dûs à raison de l'inobservation des usages concernant le congé, ou une demande en paiement des gages, telle encore, une demande en restitution des avances faites au maître par le domestique, soit pour l'achat des subsistances nécessaires au ménage, soit pendant un voyage pour le compte du maître.

Toute autre contestation qui s'élèverait entre le maître et le domestique, mais dont la cause ne naîtrait pas du contrat de louage, devrait être portée devant le tribunal civil, sauf si, toutefois, elle n'excédait pas la somme de deux cents francs.

Il peut arriver que les parties aient un différend, d'une part sur les suites du contrat de domesticité, et d'autre part sur des faits étrangers à ce contrat :

l'action alors devrait-elle se diviser ? Ainsi un domestique assigne son maître d'abord en paiement de ses gages, puis en restitution d'objets qu'il lui a retenus. Le juge de paix devra-t-il examiner la demande quant au paiement des gages, devra-t-il se déclarer incompétent quant au second chef de la demande ? La Cour de cassation a jugé l'affirmative (1) : il s'agissait dans l'espèce d'une domestique qui était sortie de la maison sans emporter ses effets, et qui demandait ensuite aux héritiers du maître leur restitution, ainsi qu'un peu d'argent lui appartenant, le tout s'élevant, disait-elle, à la valeur de cent quatre-vingt-dix-sept francs.

Cette décision nous semble très critiquable, fort contraire certainement à la pensée du législateur qui a voulu que le juge de paix soit compétent pour connaître de toutes les difficultés concernant l'engagement des domestiques, non-seulement des difficultés directes et principales, mais même des difficultés accessoires, comme par exemple l'obligation, pour le maître, de restituer au domestique les effets qu'il a été dans la nécessité d'apporter chez son maître.

C'est ce que dit fort bien M. Dalloz (2) : « Lorsque l'action, quel qu'en soit l'objet, prend sa source dans l'engagement même qui s'est formé entre le maître

(1) Cassation, 22 frimaire an IX. Dalloz. *Rep.*, mot compétence.

(2) Dalloz, *Répertoire*, au mot Enquête.

et le domestique, lorsque cette action n'existe et ne peut exister que parce que cet engagement a eu lieu et que, d'autre part, elle ne s'explique et ne peut se justifier que par les rapports mêmes qui auraient existé entre eux, on devrait, je crois, le considérer comme un accessoire de cet engagement même... Il a dû être dans l'esprit de la loi que toutes contestations nées des rapports mêmes du maître et du domestique, et prenant leur source dans l'engagement formé entre eux, seraient soumises au juge de paix. »

En tous cas, bien certainement, la demande en paiement des gages formée par le domestique contre son maître, peut être jugée par le tribunal civil, lorsqu'elle est jointe à une autre réclamation de leur compétence.

Notons en terminant que l'instance relative aux engagements respectifs des maîtres et domestiques jouit du bénéfice accordé par la loi sur l'assistance judiciaire du 30 janvier 1851. L'article 27 dit en effet : « Les dispositions de la loi du 7 août 1850 sont applicables... 1° à toutes les contestations énoncées dans les numéros 3 et 4 de l'article 5 de la loi du 25 mai 1838 », or le numéro 3 de la loi de 1838 vise les maîtres et domestiques. Donc, les actes de procédure et les jugements nécessaires à leur exécution seront rédigés sur papier visé pour timbre, et l'enregistrement aura lieu en debet.

§ 2. — Preuve.

Quels modes de preuves les parties pourront-elles invoquer devant le juge de paix, ou en appel, devant le Tribunal ?

Sous l'empire du Code civil, il fallait distinguer les diverses espèces de contestations soumises à l'examen du juge. Le débat portait-il sur l'existence du contrat, sur sa durée ou sur ses conditions ? La preuve devait être administrée suivant les principes du droit commun, et une fois l'existence du contrat prouvé, à défaut de preuve sur sa durée et sur ses conditions spéciales, tous ces points se déterminaient d'après les usages locaux. Le débat portait-il, au contraire sur la quotité des gages, sur le point de savoir si le maître avait payé les gages échus ou s'il avait réellement donné des à-comptes sur l'année courante ? Alors, par une dérogation remarquable aux règles du droit commun, l'article 1781 décidait : « Le maître est cru sur son affirmation pour la quotité des gages, pour le paiement du salaire de l'année échue, et pour les à-comptes donnés pour l'année courante. » Cette affirmation, admettait-on généralement, devait être faite sous la foi du serment.

Cette règle, dérogation exorbitante aux principes

du droit commun, n'était pas nouvelle. Les rédacteurs du Code l'avaient puisée dans la jurisprudence du Parlement et du Châtelet. On la justifiait en disant que la parole du maître devait inspirer au juge plus de confiance que celle du domestique. « Il fallait, disait M. Treilhard (1), déférer l'affirmation à l'un ou à l'autre ; or, le maître mérite plus de confiance ; son instruction plus grande était en effet une garantie de sa plus grande moralité : il n'était pas probable que dans un débat d'un intérêt si minime pour lui, il consentirait à faire un faux serment. On ajoutait enfin que cette règle facilitait la formation du contrat de louage de domestiques avec des personnes illettrées.

Ainsi donc, quand les parties, comme cela arrive ordinairement, n'avaient pas constaté par écrit leurs conventions, c'était le maître qui était crû et sur la quotité des gages, et sur les à-comptes par lui fournis au domestique. Malheureusement, et c'est en cela surtout que le système était défectueux, le domestique ne pouvait recourir à aucun mode de preuve pour prouver le contraire, même pas, si le litige était d'une valeur moindre que cent cinquante francs, à la preuve testimoniale. Le juge, eût-il la certitude manifeste de la mauvaise foi du maître, était lié ; il ne

(1) Fenet. T. XIV, p. 295.

pouvait donner gain de cause au domestique dès que le maître avait parlé. L'article 1716 édictait quelque chose d'analogue contre le locataire ; seulement, il réservait au locataire une ressource, l'expertise. D'après l'article 1781, le domestique n'avait aucun moyen de prouver le contraire !

Ce texte si dérogatoire aux principes, devait naturellement être interprété restrictivement. Par suite, les contestations concernant la durée du contrat et ses autres conditions, dont ne parlait pas l'article 1781, étaient soumises au droit commun des preuves.

Essentiellement contraire aux principes d'égalité, cette disposition devait fatalement disparaître avec le progrès des idées démocratiques. Des réclamations surgissent de tous côtés ; en 1867, les délégations ouvrières de l'Exposition universelle adressèrent des pétitions à l'Empereur et au Corps Législatif. Désireux de se concilier les sympathies ouvrières, le Gouvernement présenta au Corps législatif le laconique projet de loi suivant : « l'article 1781 du Code Napoléon est abrogé. » Ce projet devint la loi du 2 août 1868.

Seulement le Corps législatif, au lieu de se borner à détruire, eût bien dû édicter de nouvelles dispositions sur cette matière. Le droit commun a, en effet, tantôt pour résultat de faire revivre le système de l'ancien article 1781, tantôt pour effet d'assujettir le maître à la discrétion du domestique.

Ce ne furent pourtant pas les avertissements qui manquèrent au Corps législatif. « Le droit commun, disait M. Mathieu, dans son rapport, il faut bien le reconnaître, offrira à la preuve de sérieuses difficultés. La preuve testimoniale n'est pas admise au-delà de 150 francs... Le maître et le domestique peuvent alternativement se trouver en face d'une impossibilité véritable, victimes soit de leur négligence, soit de l'ignorance qui ne leur aura pas permis de se procurer une preuve écrite. » En matière de louage de services, il y a, en effet, deux pratiques dont le législateur ne peut pas ne pas tenir compte : il n'est d'usage ni de constater par écrit le contrat de louage de domestiques, ni d'exiger quittance des gages. Ne tenant pas compte de ces deux faits, et laissant la preuve du louage de services soumise au droit commun, voici les conséquences qui en découlent logiquement.

La contestation qui s'élève entre le maître et le domestique peut se présenter sous deux aspects différents ; elle peut d'abord porter sur l'existence même du contrat de louage ; elle peut ensuite porter sur la quotité des gages.

Comment le domestique prouvera-t-il l'existence

du contrat de louage? (1) De deux choses l'une : il y a eu, ou il n'y a pas eu commencement d'exécution. Dans la première hypothèse, lorsqu'il y a eu commencement d'exécution, c'est-à-dire lorsque le domestique a déjà rendu des services au maître, ce commencement d'exécution doit suffire à prouver le louage, comme cela suffit à prouver le louage de choses, pourvu qu'il soit bien établi que c'est à titre de domestique que les services ont été rendus. Et dans le doute, nous pensons qu'on doit présumer qu'il en est ainsi et que c'est au maître qui prétendrait que ces services lui ont été rendus à un autre titre, à prouver son affirmation.

M. Colmet de Santerre (2) est tenté de le nier : « Puisque nous sommes sur le terrain du droit commun, c'est avant tout, écrit-il, à l'ouvrier ou au domestique à prouver sa créance. Cette créance ne résulte pas du fait même des services qui pourraient avoir été rendus gratuitement, ou pour quelques avantages correspondant au service, comme la nourriture, le logement ; la créance résulte du contrat de louage, ce contrat doit avant tout être prouvé, et la preuve n'en peut être faite par témoins si la chose

(1) Le fait de la remise d'un denier à Dieu ne suffit pas pour prouver le contrat ; la preuve du contrat ne peut être faite que suivant les règles édictées par le Code civil en notre matière.

(2) *Cours analytique*, t. VIII, p. 345.

est supérieure à cent cinquante francs. Le domestique se trouve donc ainsi arrêté dès le début par la nécessité de prouver par écrit, et il se trouverait de nouveau dépendre de la bonne foi du maître ; seulement il ne pourrait plus protester contre son privilège, il subirait les conséquences du droit commun ». Mais alors, si on admettait ce raisonnement, ce serait réduire à néant les dispositions de la loi de 1862. L'intention manifeste des législateurs d'alors n'était-elle pas de changer l'ancien état des choses ? Nous avons vu que oui en étudiant rapidement l'histoire de l'abrogation de l'article 1781. Puis n'est-il pas étrange de présumer chez le domestique une intention de libéralité envers son maître, alors surtout que de la part de toute autre personne les libéralités ne se présument pas ?

Étant donnée la règle *nemo facile liberalis præsumitur*, le seul fait par le domestique qu'il a fourni des services, établit en sa faveur une solide présomption qu'un contrat de louage est intervenu, présomption qui bien entendu n'est pas invincible, et que le maître pourrait faire tomber en établissant que ces services lui ont été rendus à un autre titre, par exemple en reconnaissance de bienfaits antérieurs.

Si, au contraire, il n'y a pas eu de commencement d'exécution, si le domestique prétend entrer au service du maître et que le maître soutienne ne pas l'avoir loué, on se trouve alors forcé d'appliquer les principes du droit commun, et à défaut de l'admissibilité de la preuve testimoniale, le maître sera cru sur son affirmation, car c'est à celui des deux qui affirme l'existence d'un contrat à le prouver, et le domestique ne peut faire cette preuve.

La contestation peut naître en second lieu sur la quotité des gages, le contrat n'étant nié par aucune des parties. Comment le domestique fera-t-il la preuve du prix auquel il a été engagé ? Il nous faut ici encore appliquer les règles du droit commun des preuves. Si le prix est inférieur à cent cinquante francs, tous les modes de preuve, même la preuve testimoniale seront possibles. Si au contraire il dépasse cent cinquante francs, alors nous devons appliquer l'article 1341, la preuve par témoins ne sera pas admissible ; le domestique n'aura qu'à faire interroger le maître sur faits et articles, ou lui déférer le serment. C'est revenir, en fait, au système que le Code avait établi en droit.

A cette demande du domestique, le maître, sans nier l'existence du contrat, peut opposer une fin de non-recevoir basée sur ce qu'il lui a payé la totalité ou une partie de ses gages. La loi vient parfois à son secours, grâce à la prescription de six mois ou d'un an ; mais si la prescription ne peut être invoquée, comment le maître va-t-il établir sa libération ?

Les mêmes distinctions doivent être faites. Si la somme payée par le maître au domestique est inférieure à cent cinquante francs, il pourra recourir à la preuve testimoniale. Mais cette faculté, il faut le reconnaître, lui sera souvent purement illusoire, le paiement étant un fait intérieur, s'effectuant généralement hors la présence de témoins, ou en présence de témoins incapables ou reprochables.

Mais ce qui lui serait plus utile, la preuve testimoniale étant admise, c'est que les présomptions le seraient aussi, quand elles seraient graves, précises et concordantes. Le livre de maison — qui n'est pas un mode de preuve absolu, car d'après l'article 1311 il ne fait foi que quand il énonce un paiement reçu, et non quand il indique un paiement effectué — pourrait être admis par le juge comme présomption quand l'honorabilité du maître le permettrait. Ce sera, en pratique, un des éléments les plus précieux pour former la conviction du juge. Celui-ci pourrait même déférer au maître le serment supplétoire, car dans un livre de maison régulièrement tenu, il y a là certainement un commencement de preuve suffisant pour que l'on puisse, conformément à l'art. 1367, considérer la cause comme n'étant pas « totalement dénuée de preuve (1) ».

(1) Jugement du 26 nov. 1886. *Bulletin des juges de paix* 1887, p. 42.

Si au contraire, la somme payée en une fois au domestique dépassait cent cinquante francs, le maître qui se prétendrait libéré n'aurait d'autre ressource que de déférer le serment au domestique, c'est-à-dire qu'il se trouverait à sa discrétion. Il fallait s'en rapporter ou au maître ou au domestique ; l'article 1781 préférait le maître ; depuis son abrogation, c'est le domestique qui est préféré. La situation que l'article 1781 faisait au maître, se trouve être ainsi renversée.

Mais une question d'une importance capitale doit attirer notre attention. Faut-il, pour calculer si les gages sont ou non supérieurs à cent cinquante francs, calculer le montant annuel des gages, ou, lorsque le domestique sera payable par mois, le montant de sa rétribution mensuelle ?

Nous pensons qu'il y a lieu de distinguer entre les baux à durée déterminée et les baux à durée indéterminée. Dans le premier cas, il faudra additionner le montant total des gages, lors même qu'ils auraient été stipulés payables par fraction. Ainsi, je promets à mon cocher, que je loue pour un an, des gages de cent francs par mois ; il ne sera pas admis à le prouver par témoins, même quand il ne réclamerait qu'un mois de gages, car si cette somme est inférieure à cent cinquante francs, ce n'est qu'une fraction de la totalité de sa créance.

Dans le second cas, au contraire, lorsque ce cocher sera loué à raison de tant par mois, on ne devra s'occuper, pour admettre ou repousser la preuve testimoniale, que de la question de savoir si le montant des gages dûs pour un mois est inférieur ou supérieur à la somme de cent cinquante francs.

Mais il ne faudrait pas conclure de là que le domestique peut réclamer à son maître plusieurs mensualités de gages dont le total excéderait cent cinquante francs et prouver sa prétention à l'aide de la preuve testimoniale. En effet l'article 1345 s'y oppose : « Si, dans la même instance une partie fait plusieurs demandes dont il n'y ait point de titre par écrit et que, jointes ensemble, elles excèdent la somme de cent cinquante francs, la preuve par témoins n'en peut être admise, encore que la partie allègue que ces créances proviennent de différentes causes, et qu'elles se soient formées en différents temps, si ce n'était que ces droits procédassent par succession, donation, ou autrement, de personnes différentes ? »

Mais on voit que cet article suppose l'hypothèse d'un créancier. La loi a voulu empêcher de fractionner ses poursuites contre son débiteur, car elle a voulu éviter la multiplicité des procès. Ce serait dépasser les termes de cet article que de défendre au maître qui prétendrait s'être libéré de plusieurs mensualités, dont chacune serait inférieure à cent cinquante francs, mais dont le montant total serait supérieur à cette somme, d'établir par la preuve testimoniale ses libérations successives. Quand je prétends que sur six mois de gages à cent francs, cinq en ont été payés régulièrement par moi, il n'y a jamais eu coexistence de dettes pour une somme supérieure à cent cinquante francs. Je ne suis pas tenu d'avoir une preuve écrite d'un paiement dont la valeur est moindre de deux cent cinquante francs. Je ne suis pas davantage tenu d'avoir la preuve de plusieurs paiements lorsqu'ils sont successifs et non simultanés. Mais nous ne penserions pas que si le maître prétendait avoir effectué en une fois le paiement de plusieurs mensualités dépassant ensemble la somme de cent cinquante francs, il puisse établir sa libération par témoins.

Certains auteurs toutefois permettent soit au maître, soit au domestique, la ressource souvent chimérique de la preuve testimoniale, mais dont la conséquence beaucoup plus utile serait de permettre la preuve par présomptions, que les gages soient ou non supérieurs à cent cinquante francs, même en l'absence de commencement de preuve par écrit. Il est dit, en effet, dans l'article 1348, que la règle qui prohibe la preuve testimoniale au-dessus de cent cinquante francs reçoit exception « toutes les fois qu'il n'a pas été possible au créancier de se procurer une preuve littérale de l'obligation qui a été contractée envers lui ». Or, cette impossibilité, disent-ils, peut être aussi bien physique que morale, et les tribunaux ont, sur ce point, un souverain pouvoir d'appréciation. L'usage étant si profondément entré dans nos mœurs de ne pas exiger de nos domestiques une quittance à chaque payement des gages, n'y a-t-il pas là impossibilité morale de l'exiger?

Le Tribunal de Nogent-le-Rotrou (1) l'a jugé ainsi : « Attendu que la situation spéciale du maître vis-à-vis de ses serviteurs à gages ne lui permet guère de réclamer une quittance des gages payés; qu'en effet, pendant la durée des services, cette demande, qui implique naturellement une certaine défiance entre celui qui paye et celui qui reçoit, serait incompatible avec la confiance que le maître témoigne ordinairement à son domestique dans les détails multiples de leur vie commune; attendu que ces considérations, jointes à l'usage constamment suivi par les maîtres de ne pas réclamer de quittances à leurs domestiques, doivent, en cas de contestations, faire présumer que le maître a été dans l'impossibilité morale d'obtenir la preuve littérale de son paiement; que, par suite, si depuis la loi de 1868, le maître n'est plus cru sur son affirmation comme sous l'empire de

(1) 8 mars 1895. D, 96, 2, 275.

l'ancien article 1781 C. civ., il peut du moins prouver, soit par témoins, soit par des présomptions graves, précises et concordantes, les payements qu'il a faits à ses serviteurs à gages, même au-dessus de cent cinquante francs (1). »

Nous reconnaissons, quant à nous, que lorsque la loi parle d'impossibilité de se procurer une preuve littérale, il n'est pas nécessaire qu'il y ait impossibilité physique, qu'une impossibilité morale et relative suffit. C'est ce que disent fort bien MM. Aubry et Rau : « Une impossibilité relative et morale peut, aussi bien qu'une impossibilité physique et absolue, autoriser l'admission de la preuve testimoniale (1). » Mais quand y aura-t-il impossibilité morale ? Voilà la

(1) « Attendu, dit encore une décision du juge de paix de Castelsarrasin, du 30 janvier 1893, qu'il est admissible que le domestique attaché à la personne ne peut décemment réclamer de son maître un écrit constatant la dette pour salaires contractée envers lui par son maître ; que si le maître inscrit le plus souvent sur son livre de père de famille les renseignements concernant les engagements de ses domestiques et les opérations par doit et avoir qu'il fait avec eux, il ne donne pas d'habitude aux domestiques une preuve écrite de ces opérations ; *que ceux-ci sont moralement empêchés de réclamer au maître une telle preuve* ; une telle réclamation serait contraire aux convenances et aux rapports de déférence que le domestique doit avoir envers son maître ; elle aurait souvent pour effet de produire l'expulsion du domestique ; elle serait enfin contraire aux usages ». (*Bulletin des décisions des juges de paix*, 1893, p. 191.

(1) *Droit civil*, t. VIII, p. 343.

question. M. Toullier (1) répond : « C'est une pure question de fait, et de quelque manière que les juges prononcent. leur décision ne peut pas être déférée à la Cour de cassation ». Mais s'il en était ainsi, la règle de l'article 1341 serait éludée facilement puisqu'il dépendrait du juge d'admettre une impossibilité morale quelconque. Ce serait l'arbitraire.

Il ne nous semble pas (2), contrairement à l'opinion du tribunal de Nogent-le-Rotrou, qu'il y ait dans notre hypothèse impossibité morale. L'usage, dit-il, n'est pas de demander un écrit ; mais cet usage n'a pas force de loi, et, nous l'avons déjà dit, cet usage est mauvais et il serait bon aux parties d'y déroger. Le Tribunal invoque encore des arguments de confiance réciproque, mais en quoi la demande de quittance implique-t-elle défiance ? N'implique-t-elle pas tout aussi bien le désir d'éviter toute contestation entre parties, même de bonne foi, par le simple fait de sa présentation ?

En matière de dépôt volontaire, où le dépositaire est nécessairement un homme de confiance, la loi exige un écrit : « la preuve testimoniale n'en est point reçue pour valeur excédant cent cinquante francs », dit l'article 1923. Etant donnée cette solution, *a fortiori*, pensons-nous, doit-il en être autant

(1) *Droit civil*. t. V, p. 197, n° 203.

(2) En ce sens, Baudry-Lacantinerie et Whall, *du Louage*, t. II.

dans les rapports entre maîtres et domestiques. La loi pense qu'il n'y a pas impossibilité morale d'exiger un reçu d'un ami, et il y en aurait une d'en exiger un d'un domestique !

Quand alors y aura-t-il impossibilité morale d'exiger un écrit ? Ce sera dans des cas infiniment rares, comme par exemple en cas de dépôt nécessaire, et le juge devra le plus possible restreindre ces cas, afin de faire respecter le principe général de l'article 1341.

La Cour de Bordeaux (1) a jugé en notre sens. Un domestique avait prêté de l'argent à son maître et ne produisait pas d'écrit. Était-il dans l'impossibilité morale d'en exiger un ? La Cour déclara que la preuve testimoniale n'était pas admissible. C'était bien juger à notre sens. C'est aussi l'avis de M. Laurent : « Il n'y a pas d'impossibilité proprement dite, écrit-il, à ce qu'un domestique demande un reçu à son maître ; il n'y a qu'un sentiment de convenances et de délicatesse. Mais si le maître consent à devenir le débiteur de son domestique, il abandonne, par cela même, sa position de supériorité (2). »

Toutes ces hésitations dans la jurisprudence prouvent que la loi actuelle est mauvaise et qu'il faut la changer. En 1868, un député proposait de maintenir

(1) Bordeaux, 13 juin 1833. Dalloz. *Rep. Obligations*, n° 4875.

(2) Laurent. *Droit civil.* L. XIX, n° 578.

tel quel l'article 1781, mais en permettant au domestique de faire la preuve contraire. C'était meilleur assurément. Un autre proposait, en tout cas, l'admission de la preuve testimoniale.

Pourquoi, par analogie de ce que la loi du 22 juin 1854 avait fait pour les ouvriers, ne prescrirait-on pas au domestique la tenue d'un livret sur lequel on inscrirait, au fur et à mesure qu'il s'effectuerait, le paiement de ses gages ?

Vu
Le Président de la thèse,
ANDRÉ WEISS.

Vu
Le Doyen,
GARSONNET.

Vu et permis d'imprimer :
Le Vice-Recteur de l'Académie de Paris,
GRÉARD.

TABLE DES MATIÈRES

Grande Imprimerie de Blois, 2, rue Haute.
Directeur-Gérant : EMMANUEL RIVIÈRE, Ingénieur des Arts et Manufactures
X 3727.

Cet ouvrage a été imprimé par des ouvriers payés au tarif accepté par la Fédération des Travailleurs du Livre pour la région.

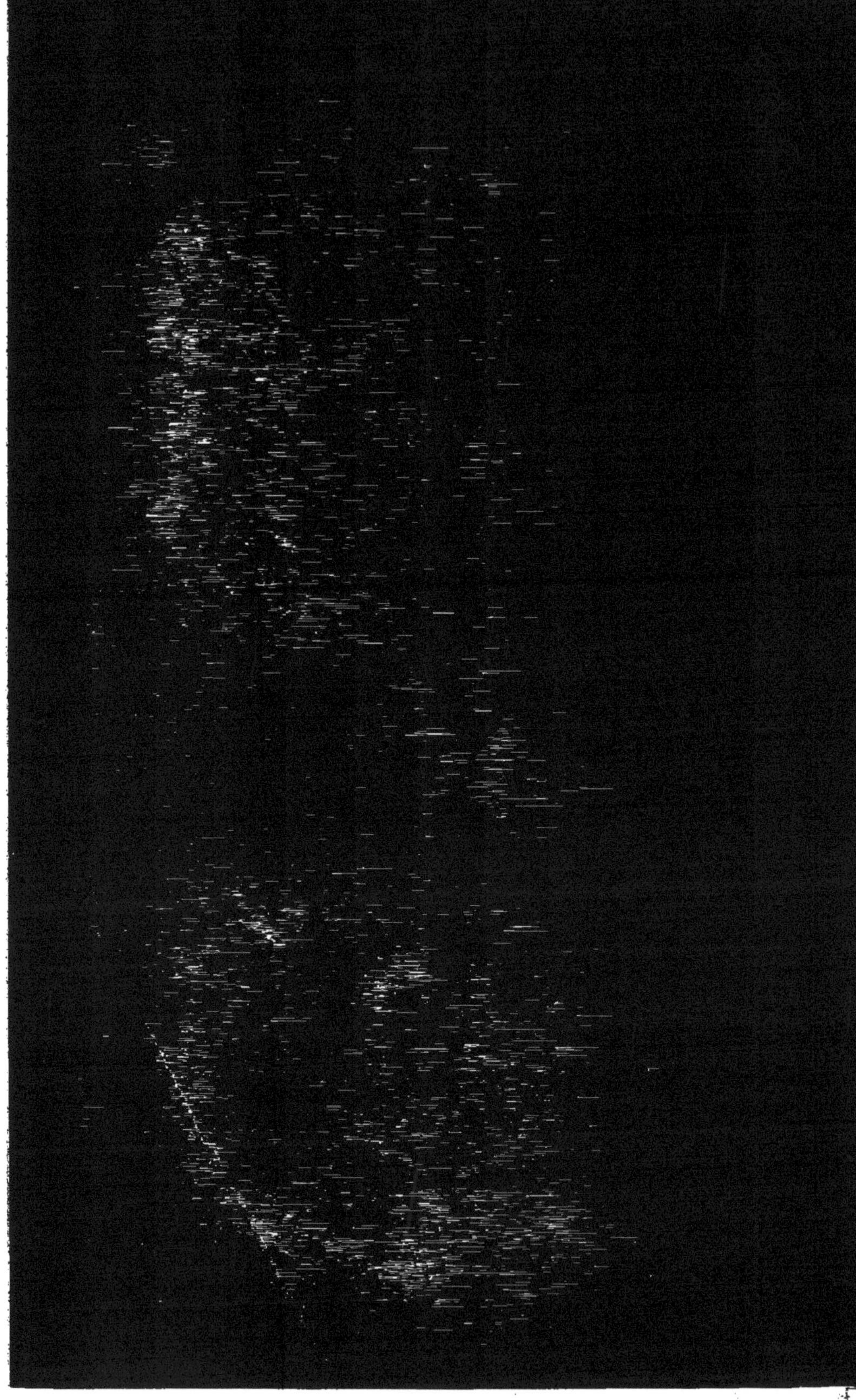